成長する
ティップス先生

授業デザインのための秘訣集

池田輝政・戸田山和久
近田政博・中井俊樹

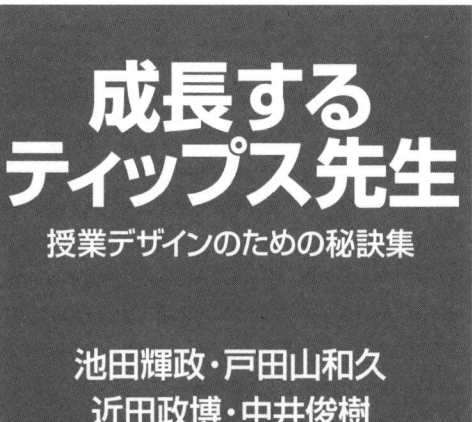

玉川大学出版部

はじめに

　名古屋大学のための授業秘訣集(ティーチング・ティップス)である『成長するティップス先生』を 2000 年 3 月にウェブページ上で公開してから（http://www.cshe.nagoya-u.ac.jp/tips/）、学内からはもとより学外からもたくさんのアクセスがつづいています。E メールなどを通して寄せられる反響をみると、ウェブ版という発信のスタイルよりは、むしろ内容そのものに対する好意的な評価が多いのはうれしいかぎりです。

　国内では大学における教授技法に関するノウハウは、ハンドブックや翻訳書の形で早くから出版され、読まれてきました。最近では、読みやすく使い勝手のよい好著も出てきています。その中であえてティーチング・ティップスの開発に取り組んだのは、1998 年 4 月に産声をあげた名古屋大学高等教育研究センターの存在理由を具体的な形にすることにあったように思います。まず「学内の教育改革・改善に役立つ何かを研究開発してみよう」という発想が先にあって、ここから当時の馬越徹センター長が全学に向けて公約した「名古屋大学版ティーチング・ティップス」開発プロジェクトが立ち上がりました。

　企画の当初は印刷媒体とウェブ版の 2 通りでティップスの開発を目指しましたが、途中でウェブ画面を生かした表現手法に全力を投入することとなりました。私自身は研究統括の立場から本プロジェクトの円滑な進行を見守りましたが、プロジェクトチーフを務めた戸田山和久助教授とは開発コンセプトについて以下の 2 点を共有することにしました。

　(1) 気軽に読めるティップスを作る

はじめに

　大切な情報を提示するだけでなく、読み物としても楽しめるようにする。最初から最後まで読み終えないと使えない秘訣集にはしない。気軽に読めてつまみ食いもできる秘訣集の中に、無理せずにできるところから授業改善を始めてほしい、というメッセージを込めたい。

　(2) 授業の成功はデザイン力にあることをアピールする

　授業を作ることはアートの営みでもある。授業の巧拙や専門知識の多寡は成功の大きな要因ではない。授業の成功はデザイン力にかかっているという考え方を伝えたい。教師の力量にまず求められるのは授業のデザイン力である。コース目標と受講者を念頭に置きながら、授業の輪郭や組み立てを表現したシラバスは、そのデザイン力の表れである。

　これまでにウェブ版を見た多くの方々からは、印刷媒体で読めるようにしてほしいという声が寄せられてきました。確かに、手元に置いてどこでも手軽にパラパラと読めるというのが印刷物のよい点です。したがって今回の出版に当たって留意した点は、ウェブ版の開発コンセプトと基本的な内容は変えない、名古屋大学版という枠をはずして一般的な表現にする、印刷物の利点を活かした読みやすい構成にする、といったことです。

　本書の出版について我々の意図を酌みつついろいろと助言をいただいた玉川大学出版部の成田隆昌氏には、心からお礼申し上げます。読んで楽しめ、読んで役立った、そういう本になれば幸いです。

　　　2001年3月1日
　　　　　　　　　　　名古屋大学高等教育研究センター
　　　　　　　　　　　　　　　　　池田　輝政

目　次

はじめに …………………………………………………… 3
本書の構成 ………………………………………………… 9

授業日誌編

開講が気になり始めた …………………………………… 13
開講が迫ってきた ………………………………………… 23
授業が始まった …………………………………………… 25
試行錯誤の毎日 …………………………………………… 32
ゴールが見えてきた ……………………………………… 42

授業の基本編

1章　コースをデザインする …………………………… 50
　1.1　コース・デザインの発想をもとう　50
　1.2　コースをいかにデザインするか　52
2章　授業が始まるまでに ……………………………… 59
　2.1　本当のシラバスを作ろう　59
　2.2　教科書を選ぶ　63
　2.3　講義ノートは改訂を忘れずに　67
　2.4　コースパケットを作る　67
　2.5　開講直前のチェックを忘れずに　68

3章　第1回目の授業 ……………………………… 73
3.1　初日における学生の関心　73
3.2　初日における教師の関心　75
3.3　初日にこれだけはやっておこう　76
3.4　コースの内容について適切な
　　　オリエンテーションを行う　80
3.5　学生と契約をしよう　81

4章　日々の授業を組み立てる ……………………………… 83
4.1　明日の授業の作戦を練ろう　83
4.2　導入部は刺激的に　85
4.3　展開部はスリリングに　87
4.4　エンディングは印象的に　89

5章　魅力ある授業を演出する ……………………………… 92
5.1　授業は研究室からすでに始まっている　92
5.2　俳優としての教師　94
5.3　授業の大道具・小道具　97
5.4　助けを借りる　101

6章　学生を授業に巻き込む ……………………………… 103
6.1　質問・発言を促し授業に活かそう　103
6.2　効果的なディスカッションをリードしよう　107
6.3　学生の参加度を高めるさらに進んだ方法　117

7章　授業時間外の学習を促す ……………………………… 119
7.1　学習を上手に促す課題を与えよう　119
7.2　学生の書く力を伸ばそう　121
7.3　オフィスアワーなどを通した学生指導　125

8章　成績を評価する …………………………………… 127
- 8.1　学生が納得できる成績評価をしよう　127
- 8.2　テストによる成績評価　131
- 8.3　論文による成績評価　134
- 8.4　成績評価にまつわるトラブル　135

9章　自己診断から授業改善へ ………………………… 143
- 9.1　毎回の授業をチェックしよう　143
- 9.2　コース全体をチェックし、
  来年のコースにつなげる　148
- 9.3　スキルを磨くためのその他の情報源　151

10章　学生の多様性に配慮する ………………………… 157
- 10.1　すべての学生の学習環境を守ろう　157
- 10.2　留学生の学習を支援するためのティップス　164
- 10.3　障害をもった学生の学習を
  支援するためのティップス　167
- 10.4　セクシュアル・ハラスメントは問題外だ！　170
- 10.5　学生がもちかけてくる個人的相談に
  どう対処するか　173

索　引 ………………………………………………………… 177
FAQ …………………………………………………………… 179
参考文献 ……………………………………………………… 182
あとがき ……………………………………………………… 185

本書の構成

『成長するティップス先生』は全体を読むことをおすすめしますが、自分の関心のあるところだけ読むといった百科事典のような使い方も想定して作成しています。特定の個所を読みたい場合は、巻末の索引やFAQ（よくある質問をまとめたもの）を使うと便利でしょう。

本書は、大きく授業日誌編と授業の基本編の2つのパートから構成されています。それぞれ別々に読むこともできますし、相互のパートをクロスして読むこともできます。以下に2つのパートの中身と読むときのコツをまとめましたので、参考にしてください。

授業日誌編

若手の教師ティップス先生があれこれ悩み、トライし、失敗しながら、一学期間の授業をどうにかやりとげるまでを日記風に描いたものです。ひとつの読み物としても読めますが、ティップス全体の目次の役割も果たしています。日誌内の波形の線が引かれた項目の詳しい記述が授業の基本編のどこで読めるのかを、次のように示しています。

⇒ **本当のシラバスを作ろう** p.59

授業の基本編

このパートがティーチング・ティップス、つまり授業の秘訣をまとめたものです。コースを設計する段階から、学生の成績

評価をし、自分の授業について反省する段階まで、注意すべきこと、改善のためのヒントなどを体系的にまとめました。

　なお、本文中には、提言や授業の実践例などを短い読み物形式でまとめたコラム、シラバスなどの実例、注意すべき項目を簡潔にまとめたチェックリストなどを散りばめてバラエティ豊かな構成とし、多角的に本書の意図を理解していただけるよう工夫しました。

授業日誌編

ティップス先生の授業カレンダー					
11月	1 ティップス先生始動す	3 コース・デザインに悩む	4 まだ悩んでる	5 ティップス先生ひらめく！	6 昔を思い出して赤面
7 教科書選びに悩む	10 教科書が決まったぜ	Winter Vacation			**3月**
1 講義ノート作りは楽し	15 シラバスばっちり決まったぜ！	Spring Vacation		**4月**	10 下見を忘れたばっかりに
17 ノート朗読マシンと化す	21 たまにはうまくいくのだ	25 血も凍る恐怖の沈黙	27 ハンドアウトを後から取りにくる憎い奴	28 だらだら授業に学生爆睡	

ティップス先生の授業カレンダー					
5月	2 君を特別扱いする気はないんだ	9 レポートを課したはいいけれど	**6月**	10 がーん、君たちぜんぜんわかってなかったのね	17 小テストをやってみましたが
20 印刷室で今日も泣く	24 質問たくさんうれしいな	**7月**	3 自分のザル頭にあきれる	7 ティップス先生キレる！	8 すぐに反省
10 同僚の授業を見て目からうろこ	16 試験のやりかたで頭を悩ませる	17 授業アンケートにおやおや	18 出した出さないで大モメ	Summer Vacation	
9月	20 やっててよかった	21 来年に向かって燃える	22 最後のつぶやき		

開講が気になり始めた

11月1日 ティップス先生始動す の 巻

　今学期の授業もようやく中盤にさしかかろうっていう時期なのに、もう来年度の授業の「シラバス」を作れって言われてしまった。あれ、もうそんな時期って感じ。いまやっている授業で頭がいっぱいだってのに、もう次の授業のプランを立てないといけないんだもんなあ。もっと余裕をもって考えればバッチリとしたプランを立てられて、そのとおりに授業も進むはずなのに、いつもシラバスを書くときは時期はずれなうえに、じっくり考える余裕がないものだから、あとで後悔するはめになる。

➡ 本当のシラバスを作ろう　p.59

11月3日　コース・デザインに悩む の 巻

　ぼくの担当する科目は、だいたい200人くらいの学生が集まる論理学の講義と、20人前後のフレッシュマンセミナー（ティップス先生の大学では新入生向けの少人数セミナーをこう呼ぶ）だ。まず、論理学講義のプランから考えることにしよう。最近、自分のやってきた論理学の授業を振り返って、これでよかったのかなあと思う。赴任してきて最初の頃は、工学部・理学部向けに通年でやっていた。このときは、どちらの学部の学生にとっても、論理学はそのあともずっと必要だし、実際に使うことになるからと思って、実際に証明や推論の正しさのチェックができるようになることを目指して、テクニック中心に教えてきた。けれども、数年前からは、論理学は文学部・法学部生対象の半期の授業になった。これが悩みの種なんだよなあ。よく考えれば文学部や法学部の学生は、その後の勉強で論理学の細かなテクニックを実際に使うことってないもんなあ。それに、おそらくこの授業は彼らが科目として論理学を教わる最初で最後だと思うわけだ。だったら、その学生に何を伝えるべきか。細かな証明テクニックじゃないよな。よし、もう一回最初から考えてみよう。

➡ コース・デザインの発想をもとう　p. 50

11月4日　まだ悩んでる の 巻

　初めて論理学に接して、おそらくはそれが最後という学生に何を伝えるべきだろう。これは2つ考えられる。きちんと論理的にものごとが考えられるようになる、ということと、論理学という学問分野がなにをやっているか、それのどこがおもしろいのか、ということだな。このどちらに重点を置くかということで、ずいぶんと違った授業になっちゃうだろう。だけど、論理的にモノを考え、書くためのトレーニングということになると、200人いっぺんにはとうてい無理だ。どうしても演習形式にしないと現実的じゃない。それに、そうしたトレーニングはフレッシュマンセミナーの趣旨に近いわけだ。うちの大学のカリキュラムでは論理学は基礎専門科目のカテゴリーに属していて、経済学とか文化人類学、心理学などと並んでいる。ということは、それぞれの学問分野の基本的なところをきっちり押さえることが望まれているわけだ。<u>こっちが授業の趣旨になるだろうな。</u>よし、論理学がなにをやっていて、そのどこがおもしろいかということをメインにすることはいいだろう。

　ところで、論理学のおもしろさってなんだ？

➡ コースの到達目標の明確化　p.53

11月5日 ティップス先生ひらめく！の巻

　論理学のどこが自分にとっておもしろいのかと言えば、ひとつには抽象的な対象についてどんどん形式的な理論を作っていくという、数学に似たおもしろさがある。確かに、理学部の学生には、論理学のそうしたところがおもしろくなっちゃったやつもいたけれど、文学部や法学部の学生にはこの路線は通用しにくいだろう。だけど、理論を作っていくおもしろさというものは、ぼくとしては譲れないところだ。

　だいたい、学生はほとんど論理学について予備知識をもたずに来ているわけだ。論理学がなにをやっているかのイメージすらもっていないだろう。このへんが心理学とか人類学と違うところだよなあ。おっ、でも、それを逆手に取ることもできるかもしれない。論理学がなんであるかまったく知らないのだったら、この授業の中でゼロから出発して論理学を作ってしまえばいいんだ。学生が共有できる問題意識から始めて、それを厳密に、一般的に扱うにはどのようにしたらよいかを考えながら、論理学を再構成していく。これなら、証明テクニックだけじゃなく、理論構築のおもしろさと大切さも伝わるし、なによりも論理学ってなんのためにあるのかがわかってもらえるんじゃないだろうか。そう考えて講義要綱を作り直した（次のページを見てね）。

▶ティップス先生が作った講義要綱の原稿

基礎専門科目　　論理学（2 単位）
担当教師　ティップス
対象学部　文学部・法学部

◆この授業のねらい

　みなさんは、「明日は雨が降らなければグラウンドで体力測定があり、雨が降れば体育館で体力測定がある」から、いずれにせよ「明日は体力測定がある」が論理的に出てくることを知っているでしょう。また、「おまえはまだ子どもなんだから、親の言うことを聞きなさい」と「おまえはもう子どもじゃないんだから、自分のことは自分でしなさい」とが矛盾しているということもわかるでしょう。このように、ある事柄が論理的に出てくるとか、いくつかの事柄を全部合わせると矛盾しているといった判断をおおむね間違いなくできるので、わたしたちは生きていけるのです。

　でも、あなたが知っているはずの、その「論理的に出てくる」とか「矛盾している」っていったいどういうことか、ということをあなたは知っていますか？　知っていて、それをどんな場合にも当てはまるように、厳密に、一般的に説明することができますか？

　論理学は、思考や推論、論証が論理的に筋道だっているということはそもそもどういうことかを明らかにし、それをいかなる場合にも判定できるような有効な手続きはあるのか、あるとしたらどのようなものかを考える科学です。

　この授業では、日常的な事例を出発点としながら、「論理的に出てくる」とか「矛盾している」ということを厳密に、一般的に説明しようとすると、どのような理論的なしかけが必要になるかを考え、ゼロから論理学を作っていきながら、現代の論理学に入門することをめざします。

◆授業内容
　細かな項目をここで挙げることはしませんが、この授業を受講した学生は以下のことができるようになっているはずです。また、そうなるように学習することを望みます。
1. 日本語・英語などの日常言語の文を論理学の記号言語に翻訳すること
2. 論理学に特有の理論的概念のそれぞれについて、なぜそのような概念を導入する必要があるのかということと、その正確な意味が説明できること
3. 任意の論証が与えられたときにそれが論理的に正しいものであるかどうか、任意の文の集まりが与えられたときにそれが全体として矛盾しているかいないか、を判定する方法が使えること
4. 3.の方法がなぜ使えるのかが説明できること

11月6日　昔を思い出して赤面 の 巻

　講義要綱の原稿がだいたいできあがった。思えば、去年まではずいぶんいいかげんに書いていたもんなあ。去年のぼくの原稿は最悪だった（次のページを見てね）。

　こりゃひどいわ。これじゃ、論理学をすでに勉強した人しか理解できないじゃん。でもこの手の講義要綱って多いよねえ。ぼくが学生のときのもほとんどこの調子だもんね。そういえば、学生が講義要綱を読んでいないって調査結果があったな。あれは電話帳があまりに重くてもち運びできないからだと思っていたけど、それだけじゃないね。こんなのばっかり載ってたら、学生にとっちゃ情報量ゼロだもん。

➡ コラム：SF「電話帳の謎」　p.60

▶昨年度のティップス先生の講義要綱

◆この授業のねらい

　現代記号論理学の基礎を学ぶ。論理学は、推論、証明、論証の論理的妥当性とはなにかを明らかにし、その妥当性の判定基準となる実効的な形式的アルゴリズムを定式化し、その信頼性と限界とを研究する科学である。

　現代の論理学の特質はこうした問題を探究するために有効な数理的手法を導入したことであり、現代論理学はそのために数理論理学とも呼ばれる。本講義では、現代記号論理学の初歩的なテクニックを習得することをめざす。

◆授業内容
1. 論理学とはなにか
2. 真理関数、結合子、論理式の帰納的定義、真理表
3. トートロジー、論理的同値性、矛盾
4. 意味論的タブローの方法とその完全性
5. 述語論理と量化子
6. 意味論的タブローの述語論理への拡張
7. モデル、充足と真理の定義
8. 同一性を含む述語論理
9. 公理系とそのモデル、ノンスタンダードモデルと範疇性

11月7日　**教科書選びに悩む** の 巻

　今回のプランはずいぶん改善されたとわれながら思うけれど、もうひとつ悩んでいることがある。それは、教科書をどうするかってこと。
　これまで教科書は指定して買わせたけれど、あまり授業中に使わなかった。あれは評判悪かったなあ。まずかったのは、授業の中でどんなふうに使うかをあまり考えずに指定しちゃったってことだ。結局、著者の話の進め方とぼくの授業の進め方が合わなくって、なしくずし的に使わなくなっちゃったわけでさ。だから、今回は、使うかどうかというところから考えてみなくっちゃ。いったん使うとなれば、授業の進め方ばかりか内容までもがそれに左右されるわけだからね。

➡ 教科書を選ぶ　p. 63

11月10日　教科書が決まったぜ の 巻

　この3日間、いくつかの教科書を見ながら考えた結果、教科書を使うことに決め、講義要綱の原稿を完成させて教務課に提出した。ただし、ゼロから論理学を作っていく、という趣旨のぼくの授業にマッチした教科書はないので、教科書というより演習書として使うことにした。テクニックの習得そのものに授業の主眼があるわけではないけれど、やっぱりある程度テクニックも身につけてくれないと、その先の話ができないから。

　というわけで、いろいろ探してみた結果、演習問題が豊富で、解答もある程度充実した、来人嘔吐（クルト・ゲーデル）著『現代記号論理学入門』に決めた。値段もそれほど高くないし。

➡ 教科書を使うべきか　p.63

開講が迫ってきた

3月1日　講義ノート作りは楽し の 巻

　ようやく入学試験などなどの忙しさも一段落したので、いま講義ノートを改訂し始めているところ。サボッている大学教師のシンボルとして、何十年も使いつづけて黄色くなった講義ノートってのが言われていたけど、あれはないよな。いまどきそんな人いないって。ぼくは講義ノートを書き換えるのはけっこう好きなんだ。最新の情報を盛り込んだり、前回の授業中にうまく説明できなかったところについてもっと効果的な説明を考えたり、それから、論理学では学生にウケる例文が必要だから、アップ・トゥ・デイトな話題にそのつど変えていかないと。いつまでも「ソクラテスは人間である」じゃないでしょっての。かなり長い間、のりピーを例に使ってたけれど、これもそろそろほかの人に変えないとね。やっぱり宇多田ヒカルでしょうか。

　こうやって、講義ノートを書き換えていると、また授業の内容が新鮮に思えてくるし、授業がやりたくなってくるから不思議。今回は教科書を変えたから、新しい教科書と整合的になるようにしなくっちゃ。

➡ 講義ノートは改訂を忘れずに　p. 67

3月15日　シラバスばっちり決まったぜ！の 巻

　今日はシラバスを書いた。「シラバス」って言っても開講科目が全部載っている、例の「電話帳」じゃなくって、ぼくが1回目の授業で配るやつ。

　ぼくのシラバスは、最初はどういう情報を盛り込めばよいのかがわからなかったけれど、インターネットを見て回って、アメリカの大学の先生のホームページに掲示してあったものを参考にさせてもらった。われながらいいシラバスができたと思う。自分で言うのもナンだけど、本当に日本の大学教師ってサービスよくなったよなあ。ぼくが学生のころは確かにひどかった。先生は教室に入ってくるなり黒板に証明を書き始めてさ。学生は自分がいまどこにいて、どこに連れていかれるのかわからないまま、ひたすら筆記マシンになったっけ。それから、参考図書を紹介してくれるのはいいんだけれど、実際に手に入れてみるとものすごく分厚い文献で、どこをどう読めば授業に関係するのかさっぱりわからなかったり。

　こうして、大学の先生はちゃんと教育しておらん、って風評が立っちゃって、回り回って、いまぼくたちのような若手がひどい目にあっているってわけだ。……なんだか腹が立ってきた。気分悪いから今日はもう寝るっ！

➡ シラバス作りのコツ　p.61

24

授業が始まった

4月10日　下見を忘れたばっかりに の 巻

　今日が授業の初日だった。シラバスはばっちりいいやつを作ったから、自信満々で教室に向かった。授業のイントロのためにおもしろい論理ゲームも用意した。やっぱり、最初の授業で「この授業はおもしろそうだ」と思ってもらえるかどうかで全然違うもん。ぼくは初対面で学生のハートをキャッチ！という高等なわざはできないけれど、最低限「ぼくは君たちと敵対するためにここに来ているんじゃないんだからね」くらいのメッセージを伝えないと、そのあと教室の雰囲気が悪いもの。

　と、ここまではよかったんだけど、いざゲームをやろうと思って、用意したOHPシートを取り出して唖然。OHPのプロジェクターがないでやんの。去年割り当てられた教室にはあったもんだから、すっかり油断してた。まあ、教壇の上であたふたしているところを見てみんな笑っていたから、友好的メッセージを発するという目的は達したと言えなくもないが。おかげで、ゲームは来週までお預けとなった。先が思いやられる。

➡ 初日にこれだけはやっておこう　p.76
➡ 開講直前のチェックを忘れずに　p.68

4月17日　ノート朗読マシンと化す の 巻

　先週はコースへのオリエンテーションみたいなものだったから、今日が本格的な授業の始まり。結果はというと……みごとに大失敗。今回は大幅に講義ノートを改訂したので、これさえあれば大丈夫だというぐあいに講義ノートに頼りすぎたのが敗因だ。ひとつには、講義ノートに全部書いてあるからいいや、というので、授業の流れがあまりよく頭に入っていなかった。だから、なんだか講義ノートから離れるのが怖くなって、下を向いてノートばっかり読むはめになった。もうひとつは、講義ノートを作っているときは熱中して、あれもこれもと話題を盛り込みすぎていた。ちょっと「こんなに90分でできるかな」って、頭をよぎらないではなかったんだけれど、いつものなんとかなるでショ主義が出てしまった。案の定、早口でしゃべりまくったあげく尻切れとんぼで終わるの巻。あれじゃ、学生はわからなかったろうなあ。バッチリ、シラバスを配ってあっただけに、かえってカッコ悪いや。自己嫌悪。

　講義ノートだけに頼ってはだめだということだ。かといって、予行演習をするってのもねえ。どうしたらいいんだろう。

➡ 明日の授業の作戦を練ろう　p. 83

4月21日 たまにはうまくいくのだ の 巻

　講義ノートを授業の前に読み直して頭を整理して、授業の組み立てをちょこちょこっと講義メモに書いておくだけで、こんなにうまくいくとは思わなかった。今日の授業はすごくうまくいった。こういう日はビールがうまいのだ。一回の授業全体を、ひとつの問題を立ててそれをどのように解決するかを考える、という構成にしたのもうまくいった一因だろうと思う。あらかじめ、「このことは学生に聞いてみよう」とか、「ここでこの練習問題をやろう」と考えておいたのも、場当たり的に質問をするよりずっと効果的だった。

　ちょっと問題が残ったのは、今回はスムーズに授業を進めようとしすぎて、学生の質問にすぐに答えすぎたことだ。もうちょっと考えさせてもよかったかもしれない。

　ちなみに、次のものがぼくの作った講義メモ（次のページを見てね）。A6 のカード数枚に書いていった。そういえば、教育実習のときはこういうのを作らされたっけ。わかっているのにやらない自分って、いったい？

➡ 質問・発言を促し授業に活かそう　p. 103

▶ティップス先生の講義メモ

今日のメニュー→板書
　前回の復習、論理学で記号言語を使う理由、記号言語Lの定義

復習
論理学の目標＝論証の正しさを把握することにある
そのための方法＝論証の内容ではなく形式に注目する必要
→今回の話題へつなぐ導入

→フレーゲ『概念記法』のごちゃごちゃ記号（OHP見せる）
パイオニア的仕事→強調
学生に質問〜なぜこんなに記号を使うのか
今日の問題：論理学では、なぜ記号言語を使うのか
→でかく板書

実験：日常言語でもうまくいく例→学生に問題を解かせる
→答え合わせ
日常言語ではうまくいかない例→同じようにやってみる
質問→どこがうまくいかないか
答え→文法形式と論理形式のズレ
論理形式をダイレクトに表示する言語を作るほうがよい
→化学式の例

4月25日　血も凍る恐怖の沈黙 の 巻

　今日から、フレッシュマンセミナーが本格始動。○○くんがテキストの第1章の内容をまとめて報告。前回の授業で、リポーターの心得とレジュメの作り方についてミニ講義をしておいたので、報告の出来はけっこうよかった。言われたことはちゃんとできるんだよなあ。

　ところが、後半のディスカッションに入るとてんでダメ。「いまの報告について、質問でも意見でもなんでもいいから出してください」と言っても、シーン。誰もなにも言わない。ぼくはこういう沈黙がいちばん嫌いなんだぁ。だから、つい、「じゃ、ぼくのほうから質問ね」ってなっちゃって、ぼくと○○くんのマンツーマンの授業になってしまった。これはまずかった。しかし、日本の学生のこの恐怖の沈黙は何とかならんものか。

　……と書いてきてちょっと反省。ぼくの質問の仕方が悪かったんじゃないだろうか？　「なにか言え」じゃなにも言えないよなあ。ほうっておいてもディスカッションになるわけじゃなさそうだ。

　どうすればいいんだろう。

➡ 質問なんて怖くない　p. 103
➡ 効果的なディスカッションをリードしよう　p. 107

4月27日　ハンドアウトを後から取りにくる憎い奴 の 巻

　明日は学会誌への論文投稿の締め切り日。というわけで、今日は午後いっぱいで仕上げなければ、と張り切ってコンピュータに向かっていると……コンコンとノック。なにかと思えば、学生が「すみません。月曜日の授業のプリントください」。あまっていたので1枚わたして、しばらく作業していると……またノック。「あの、これまでのプリントをなくしちゃったんで、もしあったらいただけませんか？」ちょっとムカッとしたが、面倒なのでひとそろいわたす。その瞬間、すごくいい論文の結論の言い回しがひらめいたので、頭からこぼれないようにと、そ〜っとコンピュータに戻って、打ち込んでいたら。またもやノック。「あの。ほしいんですけど、プリント」。……はい、キレましたです。「あのね。プリントは授業に出席して受け取るのがジョーシキでしょ。それにね、プリントじゃなくてハンドアウトっていうの。それから、人に頼むときに、ほしいんですけど、じゃないだろ？　だいたい君ね、ぐちぐちぐちぐち……」。そして、最後は「悪いけど、友だちにコピーしてもらってくれる？」。バタン。まったく教師をなんだと思ってんだ。まあ、最初にちゃんと言っとかなかったぼくも悪いんだけどさ。

➡ 学生と契約をしよう
p. 81

4月28日　だらだら授業に学生爆睡 の 巻

　連休前でぼくも学生もうわついている。おまけに、この季節にしては妙に蒸し暑かったせいか、今日の授業は睡眠者続出だった。かなり複雑な定理を証明するのが今日の目標だった。証明をするというのはどうしても授業が平板になりがちだ。ずっと黒板を向いて式を書くことになっちゃう。われながら証明じたいはずいぶんと配慮の行き届いたものだったと思う。論理的な構造もわかりやすいし、見通しもよかったはずだ。でも、補助定理の証明まで終わって振り返ってみたら、後ろの席のほうから睡魔に屈服した学生が続々と机に突っ伏していくところだった。

　これにはちょっとショック。学生時代にはぼくもよく寝たよ。でも、学生の居眠りが、教える側に立つとこんなに不愉快で動揺させるものだとは思わなかった。もうちょっと事前に準備して起伏のある授業にしておけばよかった。しゃべり方も気をつけたほうがよかったかもしれない。暑くてぼーっとしていると、どうしても一本調子になるもんなあ。

➡ 展開部はスリリングに　p. 87
➡ 俳優としての教師　p. 94

試行錯誤の毎日

5月2日　君を特別扱いする気はないんだ の 巻

　今日のセミナーはけっこうディスカッションが活発にできて満足。あらかじめ話題と展開を考えていった成果だな。でも調子に乗りすぎて、ちょっと気まずいことになってしまった。中国からの留学生の△さんがよく発言してくれていたので、「中国ではこのことはどうなの？」「中国からの留学生としてどう思う？」って質問をしすぎてしまった。途中からちょっといらだっていたみたいだったけど、とうとう「先生。わたしは中国人の代表として来ているのではありません。△さんはどう思う、って聞いてください」って言われてしまった。

　がーんと頭をバットで殴られた感じ。彼女を不快にさせていたなんてこと、夢にも思わなかった。さいわい、それをひと言言ったあとはまた元気にディスカッションに戻ってくれたからホッとしたけど。うう、いま思い出しても自分が恥ずかしい。だから、もう寝る。

➡ 学生の多様性に配慮する
p. 157

5月9日　レポートを課したはいいけれど の 巻

　フレッシュマンセミナーで、ゴールデンウィークの間の宿題に出したレポートを回収する。課題は「情報化社会における倫理的問題について」。いま読み始めたところ。結論から言って、ひでえ、のひと言に尽きる。そもそも綴じてないレポートが続出だ。端っこを折っただけってのは綴じたうちに入らんぞ。内容もめちゃくちゃ。多いのは、うまく書けない言い訳から始まるやつ。結論のないやつ。「……というわけでレポートを終わらせていただきます」だと？　ちょっとお、結婚式の祝辞じゃないんだからね。それから、いきなり広辞苑を引くやつもちらほらいる。「情報とはなにか？　辞書で引いてみた」って、辞書の引用がずらずら書いてある。

　まずは課題の出し方が失敗だった。これじゃ、なに書いていいんだかわからないし。こんなに学生がレポートの書き方を知らないとは思わなかったのも甘かった。ちゃんと書き方を指導しておくべきだったか？

　ああ、困った。コメントして返却しようにも、コメントのしようがない。もっとよく考えてからレポートを課すべきだったよ。

➡ 学生の書く力を伸ばそう　p. 121

6月10日　がーん、君たちぜんぜんわかってなかったのね の巻

　ここのところ、授業がどうも一方通行で学生もダレ気味なので、ひとつシャキッとさせてやろうと思って、学生を指名して練習問題を当ててみた。そうしたらびっくり。ぜんぜんできないでやんの。しかも、4月にやった内容が頭に入っていないからできないということが判明。ねえ君、ずっと休んでたの？って聞いたら、1回も休んでいません、だと。じゃ、わざわざ授業に出てきて、まるっきりわからない話を毎回聞いていたわけ？　うむむ、なんとも不気味。ちゃんと、いつも「なにか質問はありませんか？」と聞いてやってたじゃないか。わからないなら、なぜ質問しないんだ？　わからないままクラスには来ているという神経がわからん。ちょっと不安になったので、みんなに「これ、できる？」と聞いてみたら、ほとんど手があがらなかった。ショック。ショックのあまり、来週、どのくらいわかっているのか小テストするからね、と思わず叫んで、ブーイングの嵐を呼ぶ男になる。

➡ 学生の理解度を常にチェックする　p. 143

6月17日 小テストをやってみましたが の 巻

　相変わらず、ちょっと反省。「なにか質問は」じゃ、質問できないよなあ。もっと質問しやすい問いかけをしなくっちゃ。それと、これまでは授業が終わって黒板を消したらすぐに教室から逃げ出していたけど、5分くらい教室に残っていることにした。これだったら、授業中は質問できなかった学生も質問に来やすいかも。

　本題は今日の小テスト。小テストをやったはよいけど、200枚以上あるぞ。テストをやりっぱなしで返却しないのは最低だからね。採点して返さなくちゃいけない。でも、こんだけあるのをどうやって採点したらいいんじゃ！　しかも週末は学会発表だというのに。なんも考えずにテストをやって回収しちゃったぼくは、ズバリあほでしょう。せめてその場で模範解答を示して、自分で採点させればよかったぁ！

➡ 質問・発言を促し授業に活かそう　p. 103

6月20日　印刷室で今日も泣く の 巻

　蒸し暑い！　今日は印刷室でフレッシュマンセミナーの教材を作っていて、ホント泣きたくなった。そもそもは授業の直前に原稿（って言っても論文の抜粋だけど）を作って、10分もあれば間に合うな、って印刷室に駆けこんだのがまずかった。梅雨時は紙が湿っていて、コピー機がトラブルの嵐。ようやく紙詰まりを直したと思ったら、今度は、トナーがありません、だと！　そのうち授業時間が来ちゃって、あせってコピーしたものだから、ページの順序がめちゃくちゃになったあげくに大遅刻した。直前に印刷するなんてそもそもまずかった。そう言えば、ぼくってしょっちゅう印刷室にいるよなあ。コピー機も輪転機も、たいていの故障は直せるようになっちゃったもんね。……って威張っている場合じゃない。これってすごくむなしいぞ。プリント配るのは学生にはウケがよいけれど、授業期間が始まると研究室と教室と印刷室のトライアングルをぐるぐる回ってばっかり、というのはなんとかならんものか？

➡ 授業は研究室からすでに始まっている　p.92
➡ コースパケットを作る　p.67

6月24日　質問たくさんうれしいな の 巻

　今日は授業のあとで少し教室に残ってみた。そうしたら、4〜5人ほど質問に来た。なるほど、ここはちょっと引っかかるかな？と思ったところでは、案の定引っかかる学生がいるもんだ。ほかにも同じような仕方で混乱しちゃった学生がいるんじゃないかと思う。そこで、学生に「それ、なかなかいい質問だよ。同じ質問をしたかった人もいるんじゃないかな。今度から授業中に質問してくれると、君だけじゃなくてほかの人も助かるんだけど」と言った。ふふふ。ちょっといかにも「よい教師」っぽいでしょ。

　ひとつショックだったこと。教科書をもって質問に来た学生がいて気づいたのだけど、教科書の記号法とぼくが授業で使った記号法とが違っていた。こりゃ、とってもまずいですよ。教科書を読んで復習しようという学生は混乱するよなあ。ぐわー。教科書を決めるときに、すみずみまで読んでおくべきだった！来週忘れずに注意を促すこと。

➡ 質問なんて怖くない　p. 103
➡ 教科書は通読しよう　p. 65

7月3日　自分のザル頭にあきれる の 巻

　……って先週の日記には書いてあったのに、今日の授業で教科書との記号法のズレについて注意をするのを忘れた。ついで、と言ってはナンだけど、先週の学生の質問に「次の授業までに調べておいて答えるからね」と返事しておいたことも話し忘れた。補助プリントを印刷しておいたのをもっていくのを忘れた。練習問題を出し忘れた。ちょっとボケてるんじゃないだろうか。大丈夫か？　自分よ。

　というわけで、ティーチング・ポートフォリオを作ることにした。これまでに配ったプリントや講義メモ、学生からの質問とか、講義中に気づいたこと、思いついたギャグなどをひとつにまとめておく。これを授業前にちょっと見直せば、今日みたいなことはないだろう。うーん、われながらナイスアイディア。

➡ ティーチング・ポートフォリオを活用しよう　p.149

7月7日 ティップス先生キレる！の巻

　今日は、ものすごく蒸し暑かった。教室は40度くらいあったんじゃないかな。こういう日は学生もダレるし、いらいらする。……ってわかっているんだけど、こんなに私語と途中退室が多いと、ぼくもついついどうでもいいや、という気になっちゃう。あいつらいったいなにしに大学に来てるんだ？　いっつもお互いベタベタくっついてやがってよー。授業を聞く気のないやつは来るな！

➡ 学生と契約をしよう　p. 81

7月8日 すぐに反省 の 巻

　昨日の日記に書いたことをちょっと反省。だけど、どんなに暑くたって学生全員がシャキッとして夢中に聴くような授業をやれないほうが悪い、とまでは思わない。そんなの、どだい無理だし、だいいちそういった「授業の達人、私は一人も寝かせません！」みたいなのってどうにもうさん臭くて、嫌い。反省したのは、ちゃんと聞いてくれていた学生のことを考えたときだ。仲間のうるささに耐えながら、環境の最悪な教室で、しかもイライラを隠せない教師の話をがんばって聞いていたあげくに、教師がキレて聞きたくもない説教を聞くはめになったまじめな学生もいたわけだ。これは悪いことをした。彼らに言わせれば、「うるさいやつに注意もしないで勝手にいらいらしたあげく、ちゃんと聞いていた学生まで巻き込んで説教するんじゃねー」ってところだろう。再び自己嫌悪。

➡ 学生と契約をしよう　p.81

7月10日　同僚の授業を見て目からうろこ の 巻

　今日は、△△先生の授業にゲスト・スピーカーとして招かれてしゃべってきた。この話題については△△先生とぼくとは見解が対立していて、むしろ論敵だと言ってもいいくらいなんだけど、さすが彼は太っ腹だね。「どうせあとで批判してやっつけるつもりでしょ」と聞いたら、「まあね。でも、どっちかと言うと、もっと重要なのは、ある問題についていくつもの視点から考えられることを伝えることなんだよね」だってさ。

　ただ授業を手伝うだけじゃつまらないから、後半は△△先生の授業をじっくり観察してやった。そうしたらうまいのだ、これが。OHPの使い方とか、具体例のあげ方、要点の強調の仕方とか、なるほどね〜と思った。さっそく自分でもまねしてみよう。ときどきはほかの先生の授業を見せてもらうというのも、なかなかイイんじゃないだろうか。われわれはちょっと自分の授業について秘密主義すぎるよね。「実践報告」ってやつは、なんだかハナタカダカ〜って感じで読んでみようっていう気がおきなかったけど、大学ではまわりに授業の実例はいくらでもころがってるんだから、同僚に「今度、授業見せてよ！」「ほいきた」っていう関係ができたら、ずいぶん風通しがよくなるだろうなあ。

➡ ゲスト・スピーカーを招こう　p.101
➡ 同僚の授業を聴きに行こう　p.152

ゴールが見えてきた

7月16日 試験のやり方で頭を悩ませる の 巻

　明日は前期の最後の授業だから、試験についてアナウンスしないといけない。でも悩んでる。試験ってナンのためにやるのか、よくわからなくなってきたからだ。以前は、自分の授業にきちんとつきあってくれていた学生とそうでない学生をふるいにかけるつもりで試験をやってた。出来の悪い答案は「くぬやろ、くぬやろ！」って感じでサドっぽく採点して、赤点になると「ざまみろ。ちゃんと勉強しないからだ。思い知ったか、わっはっは」と思っていた。でも、これってヘンだ。なにが「ざまみろ」だ？　一人でも多くの学生に、もっとわかってほしいと思って授業してきたんじゃなかったのか？

　だけど、試験をしないというのもなあ。自分の学生時代を思い出せば、試験があるから勉強したって面がある。……っていうことは、<u>学生が勉強するきっかけとしての試験</u>、というコンセプトはどうだろう。問題は、どんな試験をやったら学生が勉強しようという気になるかだ。むむむ、悩ましい。

　それに、勉強したら結果が知りたいよなあ。これまで、試験はやりっぱなしだったもんなあ。

➡ 学習を支援するテストを
p. 131

7月17日　授業アンケートにおやおや の 巻

　大教室の授業は今日が最後。試験のアナウンスをして、授業アンケートをとった。アンケートはおおむね好評。だけど、あれまと思ったのは、「黒板の字が小さくて、後ろの席では見にくかったです」っていう記述がけっこうたくさんあったこと。いまごろ言われてどうするんじゃい！　手遅れだぞ。授業改善のアンケートだといっても、この時期にこんなことを聞いているんじゃ、いかにもピンぼけだ。というわけで、来学期は授業を始めて早いうちに「板書は読みやすいですか」とか「声は聞き取りやすいですか」というような項目のアンケートを自分でとることを決心する。

➡ アンケートは自分自身の授業改善に役立つものを　p. 145

7月18日　出した出さないで大モメ の 巻

　昨日、途中で書かせたレポートの提出者名簿を掲示板に張り出したら、今日になって学生が血相を変えて飛んできた。そいつに言わせると、レポートを確かに提出したのに名前が載っていなかったそうな。レポートの束をもう一度見直しても、そこにはレポートはない。思わず、「本当に出したのかよ～？」と言ってしまったら、学生はむっとして、「先生こそ、なくしちゃったんじゃないんですかぁ？？」だと。なんて野郎だ。「そんなことないよ。出てきたレポートは、全部この袋の中に入れたんだから。君こそ、ほかの授業と勘違いしてるんじゃない？あるいは友だちに出してくれと頼んで、そいつが忘れたとか」。……これが火に油を注いだみたい。「出しました」「いや、受け取ってない」×20回、くらいのやりとりのあと、いまさら口論してもないものはないんで、しょうがないから、もう一度書いて提出してもらうことになった。一応納得したけれど、やつは相当に頭に来ていたみたいで、帰り際に研究室のドアを思いっきりバタンッて閉めやがった。後味悪し。こんなことは二度とごめんだけど、さてどうしたらいいんだろう？

➡ 課題の提出をめぐるトラブル　p.135

9月20日 やっててよかった の 巻

　今日は、フレッシュマンセミナーの学期末論文を採点した。初回のレポートの出来に唖然としたので、きちんと論文の書き方を指導したことと、はっきりした課題を与えたことで、どれも力作ぞろいになった。読んでいて楽しい。とくにうれしかったのは、次のコメントが書いてあったこと。

　「このセミナーを受講することで、私は筋道を立てて首尾一貫した思考を展開することの大切さを知りました。それまではなにかに出会うたびごとに、直感的にこうじゃないの、ああじゃないの、という対応を繰り返していました。そういう自分の態度に矛盾はないかとか、この考えを突き詰めていくとどうなるだろうか、ということは考えてみたこともなかったです。というより、そういう頭の使い方があることも知りませんでした。このセミナーに参加することができて、とても幸運でした。ありがとうございました」。

　これよ、これ。これこそぼくの伝えたかったこと。うれしいなあ。けっこうぼくもこのセミナーに手間ひまかけたもん。レポートもコメントして返却したし、論文の書き方ガイドも作ったし、個人チュートリアルもしたし。やっててよかったと思うのは、こういう反応が返ってきたときだよね。

➡ 学期末論文の書き方をどのように指導するか　p. 123
➡ やらせっ放しは禁物、課題は必ずフィードバック　p. 119

9月21日　来年に向かって燃える の 巻

　昨日のうれしい気持ちの余韻が残っているうちに、ティーチング・ポートフォリオを整理している。授業を進めながらメモっておいた、授業のまずかったところ、ハンドアウトの改善点、教科書の誤植、学生がつまずいた個所、アンケートのアイディア、出来のよかった試験問題、悪かった問題。これを読めば、すぐにどこを改善すればいいかがわかる。こういうことは、やる気になったときにやっておかないと……。

➡ ティーチング・ポートフォリオを活用しよう　p. 149

9月22日　最後のつぶやき の 巻

　よい教師？　よい教師になれたのかなあ？　そいつはなんとも……。言えるのは、よい教師になろうとするのはやってみる価値のあることだ、そしてそれはけっこう楽しいってことでしょうか？

授業の基本編

1章 コースをデザインする

1.1 コース・デザインの発想をもとう

1.1.1 「コース」と「クラス」と「科目」と「授業」

まず、この本の中で一貫して使われる語を区別することから始めましょう。最も重要なのは「コース」と「クラス」の区別です。

- クラスとは、通常週1回、90分、教室で行われる教育活動を指します。「今日は第1限に授業があるから、早く起きた」というときの、いわゆる「授業」のことですね。
- コースとは、このクラスを10数回含む、1つの学期にわたって展開される、いわゆる「科目」を意味します。「今学期は、4コマの授業を担当することになった」と言うときの「授業」のことです。

本書では前者を「授業」あるいは「クラス」、後者を「コース」と呼ぶことにします。この区別が重要だと述べたのは、単にクラスが10数回集まるとコースになるわけではないからです。コースにはクラス以上のものが含まれています。たとえば、シラバスの作成、学生の教室外での学習、課題の採点、成績評価などは、教室の中で行われることではありませんが、コースの重要な構成要素です。このことは、学生が習得する「単位」についての考え方にも反映されています。

コラム 「単位」ってそもそも何？

　進級・卒業のためにどのような科目をどれだけ学修すべきかを定めたルールの1つに「単位制」があります。ひと言で述べれば「単位」は「学修時間量の物差し」ですが、これだけでは教育現場で運用される「単位」の説明にはなっていません。

　たとえば、2単位科目とか4単位科目という言い方を考えると、これを「教えるべき内容を2単位分あるいは4単位分にカットして学生に与えること」というメッセージとして読んでみます。これを日常の買い物の場面に移し替えて表現してみましょう。すると、「単位」とは、教師にとっては教育内容を時間で計り売りするときの計量器の目盛りになり、学生にとっては売られた教育内容がどの程度の時間で消化・吸収できるかの見当をつける目安になります。

　このように、「単位」とは教える側と学ぶ側の双方に関係する尺度であり、いずれか一方の立場で見るだけでは理解できないものです。また学修内容を時間量として変換・表現するときの尺度でもあり、時間量だけでとらえるのは間違った理解ということになります。

　日本では大学設置基準という省令の中で、1単位は45時間の学修内容を標準とすると定められています。この45時間の根拠は明らかにされていませんが、この中には授業内と授業外での学修が含まれています。講義や実験・実習・実技などの授業方法によって授業と授業外の時間配分が異なるので、授業にあてる1単位の学修時間をどう計算するかは、15〜45時間の範囲内で大学が行ってよいことになっています。

　10〜15週という授業期間の幅の中で1つの授業科目を成り立たせることも、大学設置基準の中で決められています。しかし、2単位の授業科目がほとんどの大学で画一的に採用され運用されている現状を考えると、意味のある学修内容を学習者に保証できる「単位制」になっているのかどうか、大学自らがそろそろ本格的に検討する時期に来ているのではないでしょうか。

1.1.2 コースをデザインするとは？

コースの内容を作ること（コース・デザイン）と、一回一回の授業の準備をすること、の2つを、きちんと区別することを提案します。前者は自分が1つの学期を通じて担当する科目の全体像（到達目標、おおよその内容、授業の方法、評価の方法）などを設計することであり、後者は一回一回の授業をどのように始めて、流れを作り、何を結論として提示して終わるか、学生はその授業ではどのような仕方で授業に参加するか、小テストはするかしないか、するとしたらいつするのか……といったことを考えることです。

これまで大学の多くの授業は、コース・デザインの視点を欠いた、行き当たりばったりのものであったように思われます。

1.2 コースをいかにデザインするか

コース・デザインは、授業開始の数カ月前から始まります。ここでは、コース全体の内容をデザインする作業について、そのポイントをまとめておきましょう。

◇コース・デザインの手順
1. コースの基本設計
    - 授業の記録などを活用し、昨年度の授業を反省する
    - コースの概要を設計する（1.2.1 〜 1.2.3）
    - これらを文章化し、講義要綱にまとめる（1.2.4）
2. コースの内容の準備（これは次の章で扱います）
    - 講義ノートを作成・改定する
    - 教科書やその他の教材を選定する

- 課題、宿題を選定・作成する
- シラバスを作成する
- コースパケットを作る

1.2.1　第1段階：コースの到達目標の明確化

　コースの概要を設計するときにまず考えるべきことは、コースの到達目標を明確にすることです。それを考えるには、次の3つの視点をバランスよく考慮に入れることが重要です。

1. カリキュラム目標からの視点：自分が担当する授業科目が大学のカリキュラム全体の中でどのような位置づけを与えられ、何を期待されているか。
2. 学問分野からの視点：自分が教えようとする学問分野ないし主題においては、なにが本質的なポイントであるか。もうすこし乱暴に言うと、自分が何を伝えたいか。
3. 学生からの視点：学生がそのコースを受講するにあたって、(1)どれだけの予備知識と能力をもち、授業にどのような関心を抱いているか、(2)そのうえで、コース終了時点で学生はどのようなスキルを獲得するべきか。

　これらの3つが、コース・デザインの制約条件となります。この制約条件の下で、学生と自分の満足度を最大化することがコースを設計することだ、と考えてみたらどうでしょうか。多くの教員が学問分野からの視点のみから、つまり「どこまで行こうかな」という形でプランを立てているように思われます。しかし、授業の目標はある分野の重要な定理をどれだけカバーするかということではなく、学生の知的能力の向上にあるのですから、学生からの視点は不可欠のはずです。

　こうして考えられたコースの到達目標は、まだ抽象的なもの

です。これではまだ、そのコースで実際に、何を、いつ、どんなふうにやるのかという現実的なプランを立てるには役に立ちません。そこで、到達目標をさらに具体化する必要があります。このための方法としてしばしば推奨されているのが、次のような問いの形で考えてみるという方法です。すなわち、「この授業を受け終わった学生は、何ができるようになっているのか」。

このような問いに答える形で目標が設定され、個条書きに表現し提示されているからこそ、それを達成できたかどうかがテスト可能になるのです。こうした目標が示されないままで評価を受けるのだとしたら、学生はたまったものではありません。

➡ 比較的具体化された到達目標の例　p.56

1.2.2　第2段階：コースを通じて、学生にどのような学習をさせるのかをリストアップする

コース終了時に学生は何ができるようになっているのかを明確にできたら、次はそれをどのような学習活動を通じて学生に身につけさせれば効果的かを考えましょう。このとき注意すべきなのは、「講義を聴く」という活動は学生がコースを履修して行うことがらのごく一部にすぎないということです。教室の中で授業中に行う活動ですら、講義を聴くということだけにとどまりません。学生はほかにも多くの活動をします。質問カードを書く、例題を解く、ディスカッションをする……。さらには、教室の外でも学生の学習活動はつづいているのです。図書館に行く、論文を書く、教科書を予習する……。コースは、時間的にも空間的にも教室の外にまで広がっていると考えるべきです。

授業が上手だと自負している教員も、往々にして教室の中で起こることだけに注目してしまいがちです。しかし、コースの目標が学生の知的能力の向上にあるとすれば、教師がコースをデザインするということは、教室内外での学生の活動を全体としてデザインすることでなくてはならないはずです。

1.2.3　第3段階：コースの実現可能性をチェックする

すばらしいコースの計画ができたとしても、学生にとってあまりに過重な負担を強いるものであっては意味がありません。学生は、あなたのコースだけを受講するわけではありません。このことは教師にとっても当てはまります。コースの概要がはっきりしてきたら、学生・教師はそれぞれどれくらいの時間と労力をそれにつぎ込むことができるかを制約条件とすることによって、実現可能性をチェックしましょう。

1.2.4　第4段階：コースの基本デザインを講義要綱にまとめる

講義要綱には何を書くべきでしょうか？　そのためには、講義要綱がどのように使われるかを考えるべきでしょう。多くの学生は、どのコースを選んで自分の時間割を作っていくかという学習計画の指針として講義要綱を使います。ですから、その助けになるのに必要十分な情報を盛り込んでおけばよいのです。多くの大学で、何回目の授業で何を話すかということを個条書きにしてある講義要綱をよく見かけますが、これは学生のコース選択のためにあまり有益な情報になりません。昨年度のティップス先生の講義要綱（p. 20）がその例です。その分野についてある程度の知識がある学生にしか理解できない内容になって

います。むしろ、ティップス先生が今年度書き直した原稿（p. 17〜18）のように、そのコースの目標と、そこで扱われる学問分野の基本的な問題関心を、高校卒業したての学生に理解できるように、言葉を尽くして書くべきでしょう。何回目の授業で何を話すかというスケジュール的な情報は、むしろ第1回目の授業で、あなたのコースを選択した学生だけに、課題や家庭学習の指示なども記載した詳細なものを作成して配るべきでしょう。これが本来「シラバス」と呼ばれるものです。

　ちなみに、次に掲げるものはアメリカのある大学の講義要綱の一部です。(1)扱う分野（人工知能）についての説明、(2)コースではその分野のどういった話題をどのように扱うか、(3)どのような予備知識が求められているか、が簡潔にまとめられています。学生のコース選択と時間割作成の指針としては、これで十分ではないでしょうか？

➡ アメリカの大学で典型的に見られる講義要綱の例　p.57

▶比較的具体化された到達目標の例

```
応用倫理学のコースの到達目標

◇分野の全体像の理解
●倫理学とは、何をどのような仕方で明らかにしようとす
　る営みであるかを理解する
●倫理と、それとしばしば混同される宗教、法、慣習との
　差異を明確に理解する
◇態度形成
```

- 安易な倫理的ニヒリズムに陥らないための思考の基盤を獲得する

◇スキル形成
- 倫理学における基礎的諸概念を正しく理解し、自分でも使えるようになる
- 義務倫理、徳倫理、功利主義的倫理の三本柱の基本的前提は何かを理解し、それが具体的な問題についての判断にどのような違いをもつかを自分で思考実験することができる
- 人工妊娠中絶、出生前診断、人工授精、安楽死・尊厳死について、技術面、法律面における現状を正しく理解する
- それらがいかなる倫理学的問題を生じるかについて、問題を抽出する

▶アメリカの大学で典型的に見られる講義要綱の例

123 人工知能入門

　人工知能（AI）はコンピュータ科学の1分野で、コンピュータで扱うことのできる知識の記号的表現や、そうした知識を使ってなされる推論のために用いられる記号的な推論プロセスを研究するものです。このコースは、問題を解決する、プランを立てる、仮説を形成する、知識を表現する、知識を獲得する（学習）、知覚にもとづいて行動するといったことを実現するために必要な人工知能の概念や

方法、そして人工知能のプログラミングの方法や、その道具立てについての基礎的な導入を行います。説明のために人工知能の応用例が用いられます。人工知能プログラミングじたいを教えることはしません。LISPについて読んだことがあると役に立つでしょうが、必須ではありません。コンピュータ入門を受講していることが必要。

　春学期：3単位

　担当：フランツ・バウムクーヘン

　火・木（1:15-2:30）

2章 授業が始まるまでに

2.1 本当のシラバスを作ろう

2.1.1 そもそもシラバスとは何ぞや

シラバスは、教師がコースの初めに学生に配布する授業計画のことです。そこには、各回の授業のテーマや、そのために予習しておくべきことがら、課題、評価の方法と基準などを盛り込みます。

シラバスは教師と学生の一種の契約でもあります。授業もだいぶ進んだころになってから、のこのこ学生がやってきて「今日提出のレポートがあるなんて知りませんでした」と言ったとしても、「授業の初めにシラバスを配布して説明したでしょう。ぼくの授業を受講している人は、それに同意の上で参加しているんですよ」と言うことができます。もちろん逆に、シラバスは契約なのですから、教師もそれに沿った仕方で授業を進める義務を負います。学生に「先生が今日はバブル経済の崩壊の原因について授業するとシラバスに書いていたから、わざわざ参考図書を買って読んできたのに、どうしてその話をしなかったんですか？」と責められることにもなります。このようにシラバスは、学生、教師双方が授業の成立に責任をもつことを促します。

きちんと考えてシラバスを作っておけば、毎回の授業で課題を説明したり、説明するのを忘れて授業計画が狂ったりせずに

すみます。教師にとってもシラバスはたいへん便利なものでもあるのです。

2.1.2 シラバスを作る意義

シラバスを作る意義には、以下のようなものがあります。
1. 学生との契約であるから、双方がコースの展開に責任をもつ意識を高める。シラバスがない、「学生さん、自由にやってちょうだい」型の授業は、学生の目には教師の無関心と無責任の証拠と映る、という研究がある。
2. 学生が、現在自分たちはコースのどこにいて、どこに向かっているのかを知ることができ、基本的に安心感をもつことができる。
3. 学生の教室外での学習活動のガイドになり、それを促す。
4. 課題やその提出締め切りなどを、そのつど周知する手間を省く。
5. シラバスを書く作業を通じて、教師はコースのプランをより具体的なものにすることができる。つまり、学生と自分の時間的制約、教材の制約などの観点から、コースにおいてなにを捨て、なにを残すか、コースにおいて本質的なものはなにかを考えることを教師に促す。

> **コラム** SF「電話帳の謎」
>
> 1990年代半ばから、ニホン国全域で大学の一般教育科目の講義要綱（どういうわけか「シラバス」と呼ばれた）の類が軒並み肥大化するという奇妙な現象が生じた。学生数の多い大学では、それはゆうに600ページを超え、もち運びに支障をき

たしたばかりではなく、必要な情報を引き出すためにも、どこをどう読んだらよいのかわからないという事態を引き起こした。当時の森林資源の危機的状況からすると、使い捨ての情報供給手段にこのような「書物」という形態をあえて選択したことは理解を超えるものがあるが、ここではそれを問題にはしない。問題は、その不合理なまでの厚さにあった。これら「シラバス」はその分厚さのゆえに「デンワチョウ」と呼ばれるようになった。しかも、中身の「授業内容」の項目などは、判で押したように毎回の授業のテーマが個条書きになっているという不気味な共振現象も同時に存在した。

　原因はどうやら、誰かが、北アメリカ地域の大学で当時「シラバス」と呼ばれていた、コースの初めに教員が受講者だけに配布する詳細な文書と、「bulletin」とか「course description」と呼ばれる、その年度に大学で開講されるすべての授業の内容を簡潔にまとめた冊子とを取り違えたことによるものらしい。これが誰なのかは、歴史家による今後の研究が待たれる。しかし、現代のわれわれを真に震撼させるのは、この間違いがなんら正されることなく、ニホンのすべての大学にまたたく間に広がったという事実である。わたしはこの事実こそ、真にデンワチョウの「謎」と呼ばれるべきであると考える。

2.1.3 シラバス作りのコツ

シラバスにはどのような情報を記載すべきかは、次のチェックリストをごらんください。

▶学生用シラバスに盛り込むべき情報

◆コースの内容にかかわる情報
　●コースの目標

- コースで扱うトピック
◆教師にかかわる情報
 - 名前・研究室番号・内線電話番号・メールアドレス
 - オフィスアワー
 - ティーチングアシスタント（TA）の名前、連絡先
◆コースのスケジュールにかかわる情報
 - 各回で扱う内容
 - 各回までに読んでくる本の個所の指定
 - 課題とその提出期限（提出方法・提出先）
 - 授業時間外の活動（見学・ビデオ上映など）のスケジュール
◆受講生にかかわる情報
 - 受講に必要な知識・スキル
 - 受講資格
◆評価にかかわる情報
 - 評価の基準
 - 評価の方法
 - 試験のやり方と期日
◆教材にかかわる情報
 - 教科書とその入手方法
 - その他の補助教材（コースパケットなど）と、その入手方法
 - 参考図書（図書館での所在）
 - 参考になるホームページのアドレス
◆受講のルールにかかわる情報
 - 資料配布のルール

> ● 課題提出のルール

　よいシラバスを書くための最も効率的な方法は、よくできているシラバスを真似する、というものです。インターネットはよいシラバスの見本の宝庫です。現在ではアメリカを中心として多くの大学教員が自分のホームページをもち、そこに担当コースのシラバスを掲載しています。自分と専門分野が近い研究者のホームページを訪れてみて、そこのシラバスを見てみましょう。いろいろな発見があるでしょう。また、分野ごとにシラバスの案を提示した書物もたくさん出版されています。

　➡ シラバスの一例　p.69

2.2　教科書を選ぶ

2.2.1　教科書を使うべきか

　教科書選びは頭痛の種です。教科書は適切に用いるならばコースの大きな助けになりますが、コースの制約条件のひとつにもなります。たとえば、ある教科書を選べば、用語の定義や表記法・記号法はその本に従わざるをえなくなります。教科書の記号法と教室で教師が用いる記号法が異なっていると、学生は混乱してしまいます。

　また、そうかといって、教科書を学生に買わせておきながらほとんど使わないというのも、学生と教師の信頼関係を大きく損ないます。学生が教科書に関してもつ不満の多くが、この

「買わされたけれどあまり使ってくれなかった」という点なのです。学生は週にいくつもの授業を受講しますから、教科書代の負担はばかになりません。どこかで使うかもしれないから、という安易な理由で、明確なプランもなしに教科書を購入させるのは慎むべきでしょう。

　教科書を導入することには、次のような利点があります。
- 主題全体の構造とその中での現在の位置を確認することによって、学生にコースに統合性と見通しをもたらすことができる。
- 重要な概念の定義、重要な定理・事実を常に参照するための用語集として役立つ。

したがって、教科書を採用する場合にまず教師がすべきは、授業における教科書の位置づけを明確にすることです。
- 授業を教科書中心に進め、教科書を補足する形で授業を行う。
- 教科書は授業で扱えないが、しかし重要な話題を自習するために用いる。

この場合、課題を課すなど、なんらかの方法で教科書を本当に読ませ、理解したかどうかのチェックを行う必要があるでしょう。
- 教科書は演習問題のみを利用する。

これらのうちどの位置づけを教科書に与えるかによって、それに適した教科書の選択基準も変わってきます。

　次のチェックリストを参考にしてください。

✔ チェックリスト：教科書を選ぶ前に

❏ コースの目標に合致した教科書を選んだか
❏ 教科書が十分に活用されるコースの進め方を計画しているか
❏ 候補となる教科書の記号法、立場、学説などが、自分のコースの内容と合致しているか
❏ 学生の能力に対して適切な難易度か
❏ 価格は適切か
❏ 選定した教科書を通読したか

2.2.2　教科書は通読しよう

しかし、なによりも重要なのは、指定した教科書を通読することです。是非はどうあれ、学生は教科書を非常に信頼しています。ですから、教師が教科書と矛盾したことを授業で述べると混乱します。教師は教科書に指定した本の、どこになにが書いてあるかを把握し、もし教科書の著者と見解を異にするところがあれば、それを授業において明確に述べておく必要があるでしょう。

コラム　いい教科書とは？

最近、いい教科書を見つけました。それは、イギリスの公開大学で発行している生物学教科書『神経生物学』（Robinson, D., *Neurobiology*, The Open University）です。読むのに時間はかかりますが、文系出身のわたしが楽しめる内容ですし、読み進むうちに自分もやってみようかという蛮勇がわいてきます。

なぜ「いい教科書」なのか。その最大の理由は、このテキストの序文に述べられている目的が具体的に実現されているからです。それは以下のとおりです。

　「脳と行動の研究は実験科学です。そのことは観察資料の蒐集、観察資料を説明する作業仮説の形成、その作業仮説を検証する実験の実施という手順に参加するということです。本書全体を通して、科学的探究の過程にはさまざまな面があることを強調すること、そして本文の中に質問を挿入することで皆さんを演繹的に考えるプロセスに引き入れることを意図しています。本書の主要な目的は、行動と脳の科学に応用された科学的方法を理解することにあります」。

　この目的を達成するために、以下のような編集方針に沿って、学習者中心の哲学がコストを惜しまず実行に移されています。

1. 学習者自身の責任で読み進められるように編集・作成されている。
2. 各章の主題の理解に生物分野の専門知識が前提とされていない。
3. 学習者の理解と記憶を促したいテーマを論じている場合には、本文中に□印で質問を行い、■印で答えを述べる、というパターンを挿入する。
4. 章末にはそれぞれ必ず要約の節と学習目標を列挙した節を設け、それにつづけてその目標が達成されたかを自己評価させる問題文を提示している（解答は巻末にまとめて提示）。
5. キーワードはすべてゴシック書体にして見やすくし、巻末の用語解説で改めて説明を行っている。
6. 資料はオリジナルソースから利用し、適宜わかりやすい図表にしている。

2.3　講義ノートは改訂を忘れずに

　コースの内容を大きく変えたときはもちろんですが、例年どおりの内容の授業をする場合でも、講義ノートの改訂は不可欠です。以下の項目を検討しましょう。
- 統計資料などをアップデートする
- 最新の研究成果を盛り込む
- 実例や比喩などが古びたものにならないようにアップデートする
- 授業記録と照らし合わせて、より効果的な事例、比喩などに差し替える
- 練習問題を前年度と異なるものに差し替える

　講義ノートを改訂する作業を通じて教員自身もリフレッシュし、新たな気持ちでコースに取り組むことができるようになります。

2.4　コースパケットを作る

2.4.1　コースパケットとは

　コースパケットとは、学生が随時必要とするさまざまな教材をひとまとめにしたものです。コースパケットには、次のようなものが含まれます。
- 学生が予習したり授業中に使用するための教材（論文のコピー、その他の資料など）
- 課題（練習問題、レポートの指示と執筆のための参考資料）

- 必要なときは練習問題のヒントや解答
- 参考文献ガイド

これらを学期が始まる前に選定し、作成したシラバスと連繫させてひとまとめにしたものを開講時に配付します。こうすると、いざ開講してから毎日のように教材作成に追われたり、「先週のプリントをください」と要求する学生への対応に追われることがなくなり、かえって効率的に時間を使うことができます。学生にとっても、自分がそのコース全体を通じてどれだけの課題を果たさなければならないかを常に把握することができきます。

2.4.2 パケットづくりのコツ

パケットは小冊子の形にする、袋詰めにするなど、さまざまな形態が考えられます。多人数の学生を相手にする場合やパケットの量が多くなる場合などは、次のような工夫も可能です。
- 学内の印刷部や書籍部を利用する
- 原稿を作っておき、各自に自分の分をコピーさせる
- ホームページを利用する。ダウンロード可能なファイルの形でパケットを置いておき、各自にダウンロードさせる

2.5 開講直前のチェックを忘れずに

さて、ここまでであなたのコースの準備は整いました。開講直前に、もういちどコースのデザインと準備が完全かどうかチェックをしましょう。

✔チェックリスト：コースが始まる前に

- ❏ 当日配付用シラバスは、受講生の数だけ準備できていますか？
- ❏ 授業の進め方・役割分担について、ティーチングアシスタント（TA）と確認しましたか？
- ❏ 教室の下見をしましたか？
  チェック項目：鍵、教室の大きさ、机、椅子、黒板、照明、マイク、空調、プレゼン機器、その他
- ❏ 使用する機器・施設の予約・確保はできていますか？
- ❏ 事務窓口の担当者を確認しましたか？

▶シラバスの一例

- ◆科目名：文化批評論基礎演習
- ◆曜限：月曜3限（13:00－14:30）
- ◆担当者
  才野茂　saishige@doraemon.nagoya-u.ac.jp　研究室210
  間賀道雄　michio@doraemon.nagoya-u.ac.jp　研究室212
- ◆オフィスアワー
  才野：木曜日 16:30－17:30
  間賀：火曜日 16:30－17:30
- ◆授業内容

  ポピュラーカルチャーは、君たちにとって物心ついたときから親しんできたまさに空気のような存在でしょう。しかし、空気がふだん見えないのと同じように、ぼくたちにあまりにも身近であるからこそ、ポピュラーカルチャーを

学問的にきっちり研究することは難しいのです。本演習は、ポピュラーカルチャーを批判的に読み解くための理論を学ぶとともに、それを実際の事例に適用して論ずる能力を養うことを目的としています。今年度は「マンガ」を共通の題材として取り上げ、2名の教員によるリレー形式で実施します。1つの題材を異なる学問分野から分析し、それを参加者が自分の力で再構成していくという、真の学際的研究を進めていくための力を身につけることを目標としているため、受け身の姿勢でいることは許されません。自発的・積極的に取り組むことを強く要求しておきます。

◆授業計画

4月16日　ガイダンス

コースパケットを配付します

【課題】

4月23日にマンガ作品の中の民族的ステレオタイプを紹介し議論する。その題材になる事例を各自採集し、コピーして参加者に配付できるよう準備しておくこと。

4月23日　マンガを文化と社会の中で捉える～ポストコロニアリズム・カルチュラルスタディズ的批評

【課題文献】

ジャッジ・イトウ『日本人の民族的ステレオタイプ』第2章「マンガに描かれた黒人像」

源静香「ドラえもんのアジアにおける受容」

【参考作品】

手塚治虫『ジャングル大帝』『紙の砦』、島田啓三『冒険

ダン吉』、山上たつひこ『アフリカの爆弾』、藤原カムイ『チョコレート・パニック』、藤子不二雄『ドラえもん』【その他】アメリカ版『セイラームーン』をビデオ鑑賞します。

5月7日　武器としての批評〜フェミニズム的批評
【課題文献】
足鷹サン「フェミニズムから見る『もののけ姫』」
【参考作品】宮崎駿『もののけ姫』。当日までに図書室でDVDを見ておくこと

（中略）

◆テキスト・参考文献など
○コースパケット（課題文献などの資料を集めた冊子。4月16日に配布）
○夏目房之介『マンガはなぜ面白いのか』NHKライブラリー（各自購入のこと）
○論文で取り上げられているマンガ作品を【参考作品】欄に書いておいた。これらについては、各自書店で購入、ないしまんが喫茶などで、できるかぎり読んでおくことが望ましい。

◆成績評価
○出席および議論における発言の積極性［10％］
○レポーター、質問者としての貢献および小さな課題の提出状況［20％］
○中間レポート：Mark Schilling, "Doraemon" in The Ency-

clopedia of Japanese Pop Culture（6ページ）を日本語に訳し、その上で課題に答える形式のレポート。締め切り5月7日。課題はコースパケットにあり。［30%］
○学期末論文［40%］
○全体で70%以上のポイントを獲得した学生に単位を認定する。

3章　第1回目の授業

3.1　初日における学生の関心

　初めて教壇に立ったときのことを思い出すと、冷や汗が出ませんか。コースの初回の授業は、人との出会いがいつもそうであるように、不安と期待が交錯するなんとも言えない緊張感がただようものです。重要なのは、学生もその点では同じだということを忘れないことです。初回の授業はしばしば大雑把なコースの紹介をして、シラバスを配って、成績評価について必要事項を伝えて、「それじゃ、来週からね」とばかりに早く切り上げる、ということになりがちです。ここでちょっと見方を変えて、初回の授業を、教師と学生双方の不安を取り除き（英語では"break the ice"と言います）、コースに対する期待を高めるための絶好の機会ととらえてみましょう。まず、学生と教師がそれぞれ、なにを求めて初めての出会いに臨んでいるのかを整理することから始めましょう。

3.1.1　受講することによって、どのような知識、アイディア、スキルを獲得できるのか

　大半の学生はとても現実的なので、目標が具体的に設定されないと、モティベーションが高まりません。目標設定が不明瞭だと、彼らに不安感を与えてしまいます。冊子になった講義要綱の情報だけでなく、毎回の授業・課題内容を指示したシラバスを配付したほうがよいのはそのためです。口頭だけでなく、

体系的・具体的に図示するほうがより親切でしょう。

3.1.2 クラスの雰囲気にうまく溶け込めそうか

学生一人ひとりはバラバラな存在です。授業のときも、別の教室から移動するもの、下宿のベッドから駆けつけるものなど、さまざまです。また、ほとんどの学生は互いに見ず知らずで、無意識に互いを牽制しています。教師としては、彼らの緊張をほぐし、目標を同じくする「仲間」であるという意識をいかにもたせるかが重要です。

3.1.3 教師に対して、基本的な信頼感を抱くことが
　　　　できるか

この教師は信頼するに足る魅力的な人物か、学生は興味津々で観察しています。「この授業をしかたなく担当することになった」「厳密にはこの分野の専門家ではないのだが」「忙しくてなかなか授業の準備ができなくて」などの前置きは、「やる気がなさそうな教師」という印象を与えてしまいます。できるだけ、「この授業に一所懸命取り組みたいし、学生にも大きな関心をもっている」という態度を見せましょう。

出欠のカウント方法や成績評価については、厳正かつ公平な姿勢を示したほうがいいでしょう。とくに新入生にとっては、授業が大人と大人の契約関係であるという発想は、新鮮で魅力的に感じられるものです。相手を一人の大人として尊重すれば、違反してペナルティを科せられたとしても納得するでしょう。

3.1.4 おもしろそうな授業だという期待を抱くことができるか

初回の授業は事務的になりがちで、学生も緊張しているので、できるだけクラス全体がリラックスできるような話題を随所にちりばめたらどうでしょうか。授業目標が明確に設定され、参加意識がもてて、教師が魅力的で、内容は工夫されていて、かつユーモアに富んでいる、そんな授業をこれから受けることができるのだと期待させることが大事です。

3.2 初日における教師の関心

3.2.1 学生のレディネスを知りたい

レディネス（readiness）とは、授業を受けるのに必要な基礎知識とスキルの習得水準と学習に対する意欲のことです。学生のレディネスを事前に知っておけば、授業内容や課題を適切なレベルに設定できるので、学生にとって満足度の高い授業を提供できるようになります。反対にレディネスを無視すると、質問しても誰も手をあげなかったり、欠席が多くなったり、試験やレポートの出来が悪くなるという弊害が現れるかもしれません。

3.2.2 学生の関心を知りたい

教師にとって、今日の学生はいつも謎多き存在です。なぜ髪を染めるのか、なぜ携帯電話を片時も離せないのか、なぜそんなにマイペースなのか。これから授業でつきあっていく学生は、

いったいどのような雰囲気の集団なのか、不安と興味は尽きません。初回の授業で、彼らにいろいろな質問を投げかけてみましょう。

3.2.3 学生と仲良くなりたい

授業もまた、人間関係が基本です。積極的に彼らに話しかけてみませんか。せっかく大学に入ったのに、教師とコミュニケーションをとることを嫌がる学生は少ないはず。重要なのは、まず最初に打ち解ける努力を始める責任は、学生ではなく教員の側にあるということです。

3.3 初日にこれだけはやっておこう

3.3.1 姿勢・話し方に気を使って、あいさつ・自己紹介をしよう

最初に教壇に立つときは、できるだけ清潔感のある服装で、かがみがちにならないように気をつけましょう。学生のあごのあたりを見ながら（目を直視すると学生はおじけづいてしまう、という研究があります）大きな声ではっきり、ゆっくりと話してください。自己紹介なんて気恥ずかしくて抵抗があるかもしれませんが、学生はあなたがどういう人間であるか、とても興味をもっています。

3.3.2 意識的に学生とコミュニケートしよう

1. 一方的にしゃべって終わりにしない。たとえば、「1年生の人はどれくらいいますか？」。あるいは「法学部の人は？　文学部の人は？　それじゃ、それ以外の人は？　君

はどの学部？」と挙手をさせる。これにより、学生をリラックスさせ、会話のきっかけをつかむと同時に、クラスの構成を知ることができます。
2. より少人数のクラスでは、学生を指名して、予備知識を必要としないごく簡単な質問をしてみましょう。たとえば、「○○については高校で教わったことがあるかい？」「このコースが終わったときに、なにができるようになっていたらよいと思う？」などなど。
3. アンケートをとることもよいでしょう。この場合、学生とコミュニケーションを始めることがねらいですから、もち帰って集計するというようなおおげさなものではなく、簡単に書けて、その場で読み、フィードバックすることのできるようなものがよいでしょう。たとえば、哲学の授業なら「哲学という言葉から連想する語をひとつ書いてみよう」というのはどうでしょうか。すぐに回収し、「なるほど『小難しい学問』ねえ。確かにそうとも言えるけど……」と、いくつかの特徴的な回答にコメントしながら、コースの内容紹介に役立てることもできます。

コラム　クイズで氷を割ろう

現代アジアに対する認識論を開講するにあたり、受講者全員に白紙を配り、それぞれのイメージにあるアジアの地図を描かせ、あとで全員分をOHPにして公開した。アジアはどこからどこまでかという点について多様な認識が示され、学生にも好評であった。学生はどちらかというと、高校時代に詰め込んだ知識をフルに活用して、教科書的な模範解答をしようとするよ

うだ。そこで、彼らの自尊心をうまくくすぐってあげると、競争的心理が働いて、授業のテンションが高まった。

　また、同様に白紙を配り、「あなたの知っているアジア人ベスト10」を書いてもらったことがある。毛沢東、ガンジーなどの教科書に出てくる偉人と、ジャッキー・チェン、サダム・フセインなど、マスメディアによく登場する人物が強く印象に残っているようだ。ただし、これには個人差が大きく、どのような背景からそうしたイメージが形成されたのかを探ってみると、学生一人ひとりの個性が少しずつ見えてくる。重要なのは、OHPなどのツールを用いて、互いの考えをオープンするスタイルを授業で定着させることだと思う。

3.3.3　学生を個人として扱う

　ごく少人数のセミナーではさらに、学生に「このクラスでは自分は個人として扱われるのだ」ということを自覚してもらうことが、その後のクラスの運営にとって非常に重要になってきます。単に名簿を読み上げて点呼をとるだけではなく、教師、学生同士が互いの名前を覚えることのできるような工夫が必要でしょう。そのために、いくつかの方法が提案されています。

▶**名前を覚えるためのいくつかの方法**

- 自己紹介カードを書いてもらう。そこには、バックグラウンド、コースに期待すること、電子メールアドレスなどの付加的な情報も必要なら書いてもらう。
- 名札、ネームプレートを作ってもらう。胸に留めたり、自分の席の上に置くなど、さまざまな形が可能です。

- 自己紹介のさせ方を工夫する。単に学部と名前を言うだけではなく、1つのテーマを与えて各学生にひと言述べてもらう、2人1組になってまず互いに自己紹介させ、次にクラス全体に自分のパートナーについて紹介させる、など。
- 各種の自己紹介ゲームを利用する。代表的なのは、時計回りに、「○○です」「○○さんの隣にいる××です」「○○さんの隣にいる××さんの隣にいる……です」といった調子でつづけていくというものがある。これはサークル活動などを通じて、学生のほうが詳しいかもしれません。

　なによりも大切なことは、こうして覚えた名前を使うことです。名前で相手を呼ぶことは、人間関係を築くための最も基本的なことがらです。大人数のクラスでは全員の名前を記憶するということは不可能ですが、可能なかぎり、学生の顔と名前を一致させ、名前を尋ね、意識的に学生を名前で呼ぶように努力してみましょう。学生は、自分がマスの一員としてではなく、個人として扱われることをうれしく思い、クラスに参加することに責任を感じるようになるでしょう。

3.4 コースの内容について適切な
   オリエンテーションを行う

3.4.1 授業の趣旨を説明する

　授業の中心となるテーマおよび趣旨について概観してみましょう。これから始まる半年あるいは1年間の物語の予告編にもなります。全体に一貫するテーマの重要性を訴えながら、この授業を受講することによって、最終的にどのような知識、アイディア、スキルを獲得できるのか、また、授業の性質・位置づけ（入門編なのか上級編なのか、概論なのか特論なのか）についても説明しましょう。重要なのは、そのテーマがおもしろく興味深いと、教師自身が思っていることを伝えることです。

3.4.2 シラバスを配付し、授業の内容と方法を説明する

　シラバスを配付します。1年生はおそらくシラバスを受けとるのは初めての経験でしょう。シラバスとはなにか、コースはシラバスに沿って行われること、必要な情報はすべてシラバスに書いてあるからとくに課題や締め切りなどについてはそのつどアナウンスしない、といったことを伝えます。

3.4.3 教科書・参考文献を紹介する

　授業の主題に対して、なぜその教科書を用いることが適切なのかを説明します。学生は、利用価値の不明な教科書を購入させられることをとても嫌がります。入手する方法、学習方法についても説明を加えておきましょう。

3.4.4 出欠・成績評価方法（試験・レポート）を説明する

　出欠・成績評価において最も重要なのは、フェアであるということです。一部の学生のルーズさ（代返・途中退室など）を見逃してしまうと、まじめな学生が損をしたと感じ、結果的に受講者全員のやる気を削いでしまいます。とくに成績評価の方法は透明性が重要ですから、初回にはっきりと通知しておくべきでしょう。

3.4.5 オフィスアワーなど質問の受け付け方について説明する

　オフィスアワーを設けるならば、そのことを伝えます。事前にアポイントメントを要するかどうか、電子メールでの質問、電話での質問に応じるかどうかの方針を伝えます。

3.4.6 ティーチングアシスタント（TA）を紹介し、その役割を説明する

　TAとは、授業開始の30分〜1時間前に打ち合わせをしておく必要があるでしょう。そのうえでTAを紹介し、その役割を受講生に説明します。TA自身にも簡単な自己紹介をしてもらいましょう。

3.5　学生と契約をしよう

　授業中の私語、携帯電話、途中入室、途中退室、レポート提

出ルールの無視は、すべての教師の悩みの種です。それと同時に、授業をきちんと聴きたいという学生にとっても、最大の迷惑であることを忘れてはなりません。こうした一部の学生のルール違反を放置する教師は、学生からの信頼を失いかねません。

　教室から私語を根絶する、ということはおそらく不可能でしょう。しかし、すぐにでもできることはあります。学生にこれらの行為がルール違反であることを伝えることと、自分はそれを許さないという姿勢を示すことです。これらを「常識だから」と言って学生に伝えずに放置し、我慢の限界を超えたところでいきなり爆発、というのはお互いの精神衛生によくありませんね。「常識」は、伝えられなければ常識となりません。

　受講のルールを伝える最もよい機会は、初回の授業をおいてほかにはありません。配付するシラバスの中に、こうした受講のマナーを含む学生と教師の契約事項を書いて互いに確認しておくのもひとつの方法です。たとえば、次のような事項について、明確なルールを伝えておくことができるでしょう。

- 授業中に私語、携帯電話、途中入室、途中退室はしない。
- 時間どおりに授業を始め、時間どおりに終わる。
- 資料配布のルールを決める。
- レポート提出のルールを決める。
- 授業時間外の指導についてのルールを決める。

4章 日々の授業を組み立てる

4.1 明日の授業の作戦を練ろう

4.1.1 講義ノートがあるからといって、安心は禁物

万全の講義ノートを仕上げたといっても、安心は禁物です。その状態でいきなり授業に臨んだら、おそらくあなたは講義ノートに釘付けになって、思わぬ落とし穴にはまるかもしれません。毎回、授業の直前に最終確認のための時間（ごくわずかで十分です）をとるように心がけましょう。

4.1.2 内容を絞り込み、タイムマネジメントの発想をもとう

熱心な教師ほど、つい盛りだくさんの知識・情報を詰め込もうとして、最後は尻切れで終わってしまいがちです。ちなみに昼休み前の授業など、どんなにすばらしい内容であっても、うかつに延長して昼休み時間に食い込むようなことになれば、図らずも食堂に並ばねばならない学生の怨嗟を買うことにもなります。

したがって、まず重要なことは、いかに基本的な内容を精選するかということです。受講者は専門家ではないので、過度の情報量はかえって彼らを混乱させてしまいます。思い切って枝葉を切り捨てて、本当に必要な内容だけを取り出すことを常に心がけておきましょう。いわゆる一方通行の「百科事典型」授

業よりもむしろ、学生に問題意識をもたせ、自分で学習するための手がかりを与えるような授業をめざせば、授業時間に伝えられる以上の内容をコースに含ませることができるはずです。

　もし、授業のスピードが遅くて残り時間が少なくなったら、展開部の一部をカットして対応しましょう。あらかじめ、カットしてもよい個所をいくつか設定しておけば便利です。

コラム　泣いて捨てることを学んだ私

　実際に授業をするより、講義ノートを作るほうが好きという人は多いのではないだろうか。かく言う私がそうである。だって実際の授業はうまくいかないことが多いんだもの。こういうタイプの教師が陥りがちな失敗に、準備した授業内容にあまりにたくさんのことを詰め込みすぎて、実際の授業ではその半分も話すことができない、ということがある。これはフラストレーションがたまりますよ。

　この失敗は、授業内容をあまりにディシプリン中心に組み立てようとしていたことからくるものだ。「この問題に触れるなら、こっちにも触れなくちゃ。そうしたら当然この事例を使うことになるから、ついでにその例についての最新の話題も盛り込んで、そうなると前提にこれを押さえておかなくては……」というぐあいに「授業内容」は雪だるま式に膨らんでいく。そうして厄介なことに、われわれは教師であると同時にその分野の学習者であり研究者でもあるので、こうした作業はけっこう好きだったりする。

　ディシプリン中心的な「あれもこれも伝えたい」欲求は、ぜひ、良い教科書を書くという作業で昇華させて、個々の授業の組み立てを考えるときは、準備段階で膨れ上がった内容からバサバサと切り捨てて（このときは泣きましょう）、学生の理解

> の進み方に沿った構成を心がけるべきだろう、と偉そうに書いているけど、これは自戒。

4.1.3　1回分の授業を導入、展開、エンディングに分けて構成しよう

1回分の授業を、ソナタ形式のシンフォニーのように、導入部、展開部、エンディングに分けて構成してみましょう。たとえば授業時間が90分とすると、全体を20分、60分、10分に配分し、それぞれのパートの構成を練るわけです。インパクトのある導入部で主題を提示し、展開部で主題を掘り下げて、エンディングで主題を確認する、というのはいかがでしょうか。

4.2　導入部は刺激的に

4.2.1　最初に授業の主題・アウトラインを紹介する

大学の授業はたいてい1週間に1回しかありませんから、前回の授業の記憶が薄くなりがちです。最初の数分間で前回の要点をまとめて、学生の記憶を解凍することが必要です。あるいは、学生の誰かを指名して、レビューさせてみるのもいいかもしれません。

今回の主題はなにか、なぜそれが必要なのか、それを学ぶことでなにが習得できるかを最初に明らかにしておくと、学生のモチベーションは高まるでしょう。なにをやっているのか、なんのための説明をしているのかわからない授業ほど、受講者にとってつらいものはありません。たとえば、

- 黒板に「今日のメニュー」を板書する
- ハンドアウトを配り、その全体について説明をする

といったものです。

4.2.2 主題にうまくつながるような問題提起・例示を行う

いきなり難解な理論から授業がスタートしたら、拒絶反応を示す学生が続出するでしょう。彼らをスムーズに授業に導入するための方法としては、主題にかかわりをもつ問いや、具体例からスタートするやり方があります。たとえば、国際関係論の授業ならば、「日本は不景気なのに、なぜ途上国への援助額が世界一なのか？」、環境問題についての授業ならば、「あなたの街、ごみはどのように分別されていますか？」などです。受講者にとって身近で、具体的なトピックスが望ましいでしょう。

コラム 私が聞いたユニークな導入法

いまから2年前のことですが、非常勤講師として出向いていた東京のある国立大学で、授業が終わったあとで居残った数人の理系学生に「教え方がうまいと思った先生はいますか」という話題をぶつけたことがあります。入学して2年弱の経験しかもたないためか、限られた選択肢の中からヒットする授業を見つけるのは難しいなあ、という顔を相互に確認しながら、しばらく考えていました。そこで一人の学生が「〇〇先生の数学基礎の授業はうまいというより、楽しみにしているし、教え方も好感がもてる」と言うと、居合わせた一同が同調した。なぜ楽しいのか、なぜ好感をもてるのか、その理由をあげてもら

うと、以下のような内容でした。
1. 毎回の授業の初めにA4用紙1枚に自作の俳句と、それを詠んだときの気分や風景・季節感を描写して配付してくれる。その先生は書いたとおりに読むだけで、その他の余分な解説はしない。数学とは関係ないイントロだが、なぜか毎回楽しみにしている。
2. 授業では必ずハンドアウトを配り、教科書で省略されている数式の展開部分を丁寧に記述・説明し、論理的なジャンプが必要となる大事な展開部分には必ずアンダーラインを引いて注意を喚起してくれる。
3. 最終試験では、ハンドアウトで強調した大事な点を含めて教えた内容からしか出さない。

後日、受講生からその先生の配付資料を実際に見せてもらいましたが、それはすべて端正な字の手書き文書でした。授業には人柄が表れるといいますが、イントロの部分はとりわけ顕著なようです。

4.3　展開部はスリリングに

4.3.1　いくつかのパートに分け、そのつど要点をまとめる

　展開部は授業の中心となり、おそらく1時間前後に及ぶでしょう。学生の集中力を持続させるには、展開部をいくつかのパートに分け、それぞれの要点を明らかにし、つなぎ合わせていく作業が必要となります。事前に十分な構想を練っておくことが必要です。

4.3.2　教科書、参考書からは一定の距離をとろう

展開部では、教科書や参考書の内容をどうやって取り込んでいくかが重要です。教科書に書いてあることをそのまま繰り返すだけならば、授業は平板になりますし、自分で読んでおけばいいということになってしまいます。むしろ、教科書から一定のスタンスをとって、これを客観的に評価したり、批判したりする立場を取ったほうが授業の構図が立体的になり、学生も意見をもちやすくなります。できるだけ教科書、参考書を活用しながらも、これに過度に依存しない、という形態が望ましいでしょう。

4.3.3　仮説と検証、問題提起と謎解き

仮説を設定・検証したり、「なぜ○○は△△△なのか」という問いを立て、クラス全員でその理由を探る謎解き型（問題解決型）の展開により、学生の関心を常に引きつけることが可能になります。重要なのは、こうした作業の一部でよいですから、学生に参加する機会を設けることです。教師がすべてを演じてしまわないようにしましょう。

4.3.4　対立する学説を取り上げよう

授業の展開にメリハリをつける他の手段として、教師が自分の見解を明らかにした上で、これに反対する学説を取り上げ、それぞれの是非を学生に評価させる方法もあります。教師の持論はあくまでも多くの学説のひとつであるという、相対的な認識を学生に与えることも場合によっては必要でしょう。

また、自分と異なる意見をもつゲスト・スピーカーを招くこ

ともできるでしょう。教師同士でもよいし、大学人以外でもおもしろいかもしれません。学生にとっても、いつもと違う人の話が聞けることは新鮮ですし、意見と意見のぶつかり合いは刺激的でしょう。

4.3.5　最新の情報・知識を盛り込んだ実例を紹介しよう

教科書に載っていない最新の情報や知識を紹介してみましょう。学生にとって、教科書の情報は堅苦しくて、日常生活から縁遠く感じられるものです。具体的なケースをあげて、授業で扱う主題が現実社会といかに密接に結びついているかを学生に実感させましょう。

4.3.6　自分の研究成果を紹介しよう

最先端の研究成果が教科書に反映されるには時間がかかります。そこで、ときには自分が研究者として取り組んでいる最新の研究成果の一部を紹介してみましょう。学生の知的好奇心を上手にくすぐるのです。

4.4　エンディングは印象的に

4.4.1　効果的なまとめ

残り10分～5分になったら、今回の授業の内容をもう1回レビューしましょう。学生を指名して、代わりにレビューしてもらってもいいでしょう。授業の最後は、
- 学生に問いを投げかけて終わる
- 最初に提示した主題に対する結論を明示する

●結論に関連した引用フレーズを取り出す

などいろいろな方法が考えられますが、とにかく、ひとまとまりの話がきちっと終結したのだという印象を与えることが大切です。

4.4.2　次回とのつながりをつける

授業終了時に、次回の内容を紹介し、今回の授業とのつながりを確認します。前回の復習から始まり、次回の予告で終わるという循環型の授業システムをとることで、学生の記憶効率を高めることが期待できます。この方法は、テレビドラマなどによって学生の日常生活に浸透しています。

✔ チェックリスト：明日の授業の前に

【前後の確認】
❏　前回の出欠を確認しましたか？
❏　前回、回収したレポート、宿題などをチェックしましたか？
❏　テーマを確認しましたか？

【教材の確認】
❏　授業で用いる教科書の該当個所、およびその使用方法を確認しましたか？
❏　配布する参考資料の手配、およびその使用方法を確認しましたか？
❏　実験機器・教育機器類は準備 OK ですか？
❏　TA 業務について、当人と確認しましたか？

【構成の確認】

❑ 導入部、展開部、エンディングのメリハリはついていますか？
❑ 時間配分を考えましたか？

【技法の確認】
❑ 用いる仮説、問題提起は準備OKですか？
❑ 用いる実例、ジョークは準備OKですか？
❑ 課す宿題は準備OKですか？

5章　魅力ある授業を演出する

5.1　授業は研究室からすでに始まっている

　授業直前。あなたは、いままでなにをやっていましたか？　会議を終えたばかりですか？　別の授業が終わってかたづけたばかりですか？　それとも、締め切り間近の原稿書きに追われていましたか？　いずれにしても、気持ちを切り替えて目前の授業に集中しなければなりません。最低限 5 分でもいいですから、次の授業のために時間をとりましょう。

5.1.1　今日の授業をイメージしよう

　1 回分の授業をどうやって演出するかは、研究室での準備次第です。90 分間の授業の流れをイメージしてみましょう。受講者を引き込む話法、メディア機器を使ったり、ハンドアウトを配布するタイミング、工夫ある板書など、効果的な授業を行うためにはさまざまなしかけを学んでおくと便利です。この章では、授業の演出方法について説明します。

1.　ざっと、頭の中でおさらいしよう

　まず、目を閉じて深呼吸しましょう。次に、その授業の到達目標を明確にして、そこに至るまでのプロセスを頭に描いてみましょう。TA といっしょに段取りを確認してもよいでしょう。

2.　導入のトピックスを決めておこう

　いざ本番となったときにあがらないようにするコツは、教壇に立って最初に話す内容、つまり「導入のトピックス」をあら

かじめ決めておくことです。授業のテーマに関係する時事問題のコメントでもいいし、意表を突くようなジョークでもいいでしょう。うつむいた学生の顔を上げさせ、これから「なにか興味深い話が聴けそうだ」という予感を与えることが重要です。あまり深刻に考えず、できるだけフレンドリーな話題を用いましょう。

3. 講義メモを見直そう

講義メモはもう作りましたか。作った講義メモは、きっとあなたしかわからないような単語の羅列になっていることでしょう。それでいいのです。それらの「記号」をちゃんと解読してつないでいけるかどうか、1〜2分で確認してみてください。

5.1.2 授業直前のリラクセーションとウォーミングアップ

準備の確認ができたら、あとはリラクセーションとウォーミングアップです。

1. まずリラックスしよう

野球のピッチャーが登板するとき、あるいは指揮者が舞台に上がるとき、それぞれ自分に合ったリラックス方法を実践しているはず。たとえば、深呼吸したり、音楽を聴いたり、瞑想したり、散歩したり、方法はさまざまです。別の授業を終えたばかりのときや、会議から戻ったばかりの場合、疲れて気が滅入っていたり、イライラしているかもしれません。気分転換はとても重要です。

2. ウォーミングアップの方法

ウォーミングアップの方法は、軽く体操したり、発声練習をしたり、人によってさまざまでしょう。大事なことは、自分の

「お約束のパターン」を作ることです。

> **コラム　発声練習をしてみたら**
>
> 　わたしはかつてある大学で社会学の非常勤講師をしていました。必修の授業だったので受講生は 200 人と多く、奥行きのある階段教室で、しかも私語が花盛りという過酷な条件でした。もちろんマイクを使ったのですが、3 回目の授業でのどを痛めてしまいました。ついつい張り切って、無意識のうちに声を張り上げていたのかもしれません。
>
> 　知り合いの中学校の先生に相談したら、「授業の前に発声練習をする」などのアドバイスをいただきました。さっそく次回の授業の 10 分前にトイレでこっそり、「アー」「ア、エ、イ、ウ、エ、オ、ア、オ」と腹式発声のウォーミングアップを試みました。すると、授業では声が楽に出るようになり、その後はのどが枯れることもなくなりました。のど飴をなめておくのもひとつの手です。

5.2　俳優としての教師

　授業における教師の行為（話す、書く、聞く、読む）の中で、最も重要なのは「話す」という行為でしょう。上手な話し手でなくとも構いませんが、よい話し手になることはとても価値のあることですし、努力に値することです。自分の話法に自信がなくても、次にあげるいくつかのことに留意すれば、相当改善できるはずです。

　1.　テンポと強弱を組み合わせよう

　テンポと強弱を組み合わせれば、いくつかのパターンの話法が可能です。具体的には、①「ゆっくりと、大きく」（授業の

最初など、強調したいポイントなど)、②「ゆっくりと、小さく」(リラックスさせたいとき、気分転換を図るとき)、③「速く、大きく」(学生のテンションを高め、劇的な場面展開をねらうとき)をうまく組み合わせて、受講者の集中力が低下しないように配慮したらどうでしょう。

2. ボディランゲージを活用しよう

少人数のセミナー形式では、日常的な話し方でも学生に意思を伝えられますが、大人数の講義形式になると、いくらかボディアクションを取り入れないと、退屈かつ貧相に見えます。たとえば、俳優さんの場合、テレビドラマの収録では自然体で演技するのに対し、舞台では濃い目のメイクをしたり、口を大きく開けてセリフを言ったりと、かなりオーバーアクション気味に演技しています。セミナーはテレビドラマに、大人数の講義は舞台に相当するのではないでしょうか。

3. できるだけマイクに頼らない

大人数の講義をするとき、マイクは必要です。ただし、学生側からは「エコーがききすぎて、声が聞き取れない」「音量が大きすぎる」「眠くなってしまう」などの問題点が指摘されています。マイクを使うときは、口から少し離して、明瞭かつゆっくりと話すことが重要です。ボリュームとエコーは最小限に押さえ、話すスピードも落としましょう。また、声がちゃんと聞こえているかどうか、学生に確認してください。でも、できることなら、明瞭な肉声こそが最良でしょう。優れた話し手ほど、マイクには頼らないものです。

4. 学生に顔を向ける

話すときは、基本的に受講者に顔を向けるようにしましょう。教師が終始うつむいていたり、講義ノートを朗読するだけだっ

たり、自分の世界にこもってしまうことは、受講者に対して「わたしは諸君にはなんの関心もないのだよ。義務だからしかたなくやっているのだ」という暗黙のメッセージを発信しているようなものです。教師が思っている以上に、学生は授業に対する教師の姿勢を、実によく観察しています。

5. ポイントを多様な方法で表現する

授業の中で重要なポイントは、ゆっくりと大きな声で、強調しながら表現しましょう。また、くどくならないように、表現方法を変えて何度も反復しましょう。当たり前のことのように思われるかもしれませんが、「これから言うことはとても重要だ」とか、「この問いに対するひとつの答えをこれから言いましょう。とても大切だからよく聞いてください」と言うだけでも、学生は「なんだ？　なんだ？」と注意を集中します。単に声を張り上げるだけではなく、こうしたセリフをうまく挿入することが効果的です。

6. 自分なりの講義口調を編み出そう

個性的な授業を試みるならば、自分独特の講義口調を工夫するとおもしろいでしょう。われわれが日常的に知っているプロの話し手としてはニュースキャスター、バラエティ番組の司会者や漫才師、落語家などがありますが、彼らはみな独特の話法をもっているがゆえに個性的かつ魅力的です。教師もまた一個の「タレント」であると考えるならば、自分の話法を編み出す価値があるかもしれません。

7. ときには沈黙も金となる

学生の私語がうるさいとき、強調したいポイントを余韻として響かせたいときなど、状況に合わせて沈黙することも授業技法のひとつです。いつもしゃべりっぱなしでは聞いているほう

も疲れますので、上手に「間をとる」コツを覚えましょう。

5.3 授業の大道具・小道具

5.3.1 メディア機器に気をつけろ

OHP、ビデオプロジェクター、パワーポイントなどさまざまな視聴覚メディア機器は、うまく利用すると授業の効果を高めるのに役立ちます。しかし、これらを使いさえすればよい授業になるというものではありません。たとえば、OHPやパワーポイントは、お互いに高度な背景知識を共有している研究者同士が集まって行われる学会発表などで、短時間のうちに効率的に情報を伝えるにはとても優れたメディアでしょう。しかし、授業は学会発表ではありません。研究者を相手としたプレゼンテーションに有効な方法が、ただちに背景知識の量と理解力に大きな差のある学生に対するプレゼンテーションにも適切であるとは限りません。以下のような、メディア機器の意外な落とし穴に十分配慮しましょう。

- OHPやパワーポイントなどを多用した授業は、どうしてもスピードが速くなりがちです。このため、学生に理解し消化するための時間的余裕を与えないまま、授業だけが先に進んでしまいます。
- OHPやパワーポイントなどで用意した教材は、板書とは違って教室の広さなどに合わせて臨機応変に大きさを調整し、後ろの座席の学生にも見やすくするということが案外やりにくいものです。
- メディア機器によって提示された情報は、学生が授業後に

利用することができません。グラフや複雑な図表を見ながら話を聞いていて、そのときはよくわかっても、学生があとになって自宅で復習をしようとしたときには、それらのグラフ、図はもう失われてしまっています。
- 視聴覚機器のなかには、部屋を暗くして利用するものもあります。このため、学生がノートをとることができなかったり、眠くなるなどのマイナス面が生じます。
- ビデオ教材などは、あらかじめどこに注目してみたらよいかという適切な指示なしに漫然と見せてしまうと、学生はどこをどう見たらよいのかわからないまま鑑賞してしまいます。この結果、授業が散漫で、ポイントのないものになってしまうかもしれません。

5.3.2　黒板とハンドアウトを見直そう

というわけで、最新鋭の視聴覚メディア機器に頼りっぱなしというのはやや危険です。黒板・ホワイトボード、ハンドアウトの配付といった、「原始的」に思える方法を見直して、その有効な活用を考えましょう。この場合、たとえば、次の点に留意することが重要です。
- 板書の色、濃さ、大きさに気を配る。ときどき、後部座席の学生にも「読めますか」と確認することを忘れずに。
- 黒板に書いたことをすぐに消さないように。すぐ消してしまうと、学生は黒板を写すことだけに必死になります。
- ホワイトボードは反射、マーカーの細さ、インク切れといった要因で、黒板より見にくいものになる傾向があります。ホワイトボードの設置された教室を使うときは、これらの点に十分注意しましょう。

- 単語だけを羅列的に板書するのではなく、授業のコンテクストがわかるように、なるべく短文の形で、それぞれの言葉の関係がわかるように工夫しましょう。

ハンドアウトの配布は、黒板やメディア機器の欠点を補う有効な手段です。たとえば、

- あまり細かな証明や、長い引用などを黒板に書きなぐるというのは感心しません。証明の方針を黒板を使って説明し、細部はハンドアウトを使ってたどるといったやり方が理解を深めます。
- ハンドアウトは機動的です。コースの展開の中で随時必要となった情報を追加して、そのつど提供することができます。
- ハンドアウトは保存性があります。これがハンドアウトの最大の長所と言ってよいと思います。手元に置いておいて、学生に復習してもらいたい情報、課題に取り組む際に利用してほしい統計資料やグラフ、図表、地図などは、ぜひハンドアウトにまとめて配布するのがよいでしょう。
- ハンドアウトと他のメディアと組み合わせて使うことによって、効果はずっと高まります。たとえば、授業では図表をプロジェクターで投影し、それに注目してもらって話をしたとしても、同じ図表を同時にハンドアウトに印刷して「同じ図がハンドアウトにあるから、あとで見たいときにはそれを見てね」と指示します。このことによって、それぞれのメディアの欠点を補うことができます。

コラム | **黒板は消して帰ろう**

A教師:「B先生。私、水曜日に第3講義室で先生のあとに授業をしているんですが、あのう……、まことに申しあげにくいんですけども、先生がいつも黒板を消さずにお帰りになるもので、私がですね、いつも授業の初めに黒板を消さなきゃならないんです。あの、できましたら、授業が終わったときに黒板を消しておいていただけませんでしょうか?」

B教師:「私は黒板を消さんことにしている」。

A教師:(耳を疑って)「はぁ?」

B教師:「私は黒板を消すために大学教授になったわけではない。そんなことは、私のやるべきことじゃない。学生が気をきかせて消しておくもんだ。文句があるなら学生に言いたまえ」。

A教師:「あの、それだったら私も黒板消しがしたくてこの職についたわけじゃないんですけど。ご自分で消すのが沽券にかかわるとお考えなら、学生に消しておくよう指導して、とにかく私が授業を始めるときにはきれいな黒板になっているように、ひとつお願いしますよ」。

B教師:「それだったら、君が学生に言って消させりゃいい。いいかね。学生が誰にも言われずに自分から進んで消す、ということが大事なんだよ。それをぼくが命令したなら、教育にならんじゃないか」。

A教師:「いやぁ先生、それじゃ理屈になりませんよ。それじゃあ、先生は、黒板を進んで消しておくように学生を指導するという役割を、私に押し付けていることになりますよ。だいいち、授業の後に黒板を消しておくというのは、トイレに行ったあとに水を流すというのと同じで、最低限のマナーじゃないんですか」。

B教師:「私はトイレは流さんことにしている」。

A教師:「○&□%◆△$◎#●??」

> B教師:「うむ、私はトイレを流したくて大学教授になったわけではないんでね」。

5.4 助けを借りる

5.4.1 ゲスト・スピーカーを招こう

　必要に応じてゲスト・スピーカーを招くと、授業はよりバラエティに富んだものになるでしょう。その際、依頼する内容について明確にしておかなければなりません。通例、ある特定領域についての話を依頼することが多いですが、どこからどこまでを、どのように話してもらうか、事前に打ち合わせをする必要があります。また、受講生に対しても、どういう分野の専門家の話を聴きたいか、あるいはどのような質問をしたいかなど、リクエストを事前に調べておくと、ゲスト・スピーカーに、より具体的な依頼をすることができます。

5.4.2 TAの力を借りよう

　TA（ティーチングアシスタント）は、教師と学生を結ぶ重要な存在です。いかにTAの能力を引き出すかが、授業の成功を大きく左右します。そのためには、事前の打ち合わせが不可欠です。授業がスタートする1～2週間前に、TAと入念な打ち合わせを行いましょう。どのような授業をめざしているのか、TAの役割はなにかなど、具体的に取り決めておきましょう。毎回の授業開始20～30分前には、研究室で事前の打ち合わせをしましょう。

また、成績評価や授業の改善点などについて、意見を求めたり、授業のモニター役を務めてもらうのもよいでしょう。ただし、TA自身も大学院生ですから、最終的な成績評価をゆだねるのは論外です。

　TAは単に便利なお手伝いさん、コピー屋さんなのではなく、TAとしての職務を果たさせることを通じて、教師はその院生の教育を行っているのだ、ということを忘れてはなりません。TAを務める院生の研究・教育能力を高めるような職務を与えるようにしましょう。

▶ TAに依頼できること

- コースパケットの制作補助
- 受講者名簿の作成
- 出欠の確認
- メーリングリストや電子掲示板の作成と運営
- 図書館、情報端末などの利用法のチュートリアル
- メディア機器のセッティング
- ハンドアウトの準備
- 資料の検索
- ティームティーチングのときの相手役
- ディスカッションの火付け役
- 受講生からの質問受け付け
- 授業のモニター
- 授業アンケートの実施・集計
- 出欠、試験、レポート結果の単純集計、統計処理（判定ではない）

6章 学生を授業に巻き込む

6.1 質問・発言を促し授業に活かそう

6.1.1 質問なんて怖くない

質問や発言は、あなたの授業の流れを中断する異物ではありません。まず、質問や発言を次のようにとらえ直してみましょう。(1)それらは学生の授業へのコミットメントを深めるよいチャンスである。(2)それらは授業を活性化させるためになくてはならない貴重なフィードバックである。そうすると、適切な仕方で学生に質問や発言の機会を与えることは、教師の責任だということになります。

さて、教師が学生に対して行う最もナンセンスな質問は「なにか質問は？」あるいは「なにか意見は？」というものです。ここでは、学生に質問・発言を促し、授業に活用するいくつかの方法を紹介しましょう。

最も重要なことは、質問や発言をするということは授業に参加し、それゆえに授業に貢献することなのだという意識を学生にもたせることです。たとえば100人も受講者のいるクラスで講義の流れをさえぎって、手をあげて質問をするということが、平均的な学生にとっていかに勇気を必要とすることであるかを考えてみてください。こうした心理的障壁を乗り越えて質問を行った学生に対しては、まずその行為じたいを高く評価するべきです。

1. まずは褒めること。

 「いい質問だね」あるいは、「うん、いまそのことについて補足しようと思っていたんだ、よく先回りして考えついたね」と褒めることを忘れずに。

2. 質問にすぐに答えてしまわない。

 質問は、教師と学生がコミュニケーションを始めるまたとないよいきっかけです。それを、簡単に答えてしまって終わりにしてしまうのはもったいないことです。たとえば、

 - 学生の質問について逆に質問をする。「君が疑問に思ったのは……ということかな？」あるいは「なるほど、じゃあ、このケースだったらどう思う？」
 - 学生の質問を他の学生に振り向ける。「なるほど、いまの○○君の疑問はもっともだね。誰かこれについて考えがある人はいるかな？」「……の経験のある人だったら、いまの疑問に答えられるかもしれないね、だれか……をしたことのある人はいない？」

3. 学生に発言をさらに展開させる。

 「いまの○○くんの意見はかなりユニークだね。ほかの人の意見も聞いてみたいね」。あるいは、「それはおもしろい着眼点だね。どうだろう、来週の授業で5分あげるから、そのことについてちょっと発表してくれない？」

4. 的外れな質問、明らかに間違った意見もうまく活用する。

 重要なのは、的外れだということ、間違っているということじたいをあいまいにしてはいけないということです。その上で同時に、「君の考えは……という点では事実に反するのだけれど、かりに……だったらおもしろい見解だ」、あるいは「どうしてそう思ったのかな？」と質問し、「な

るほど、そういう前提からは確かに君の言ったことは出てくるね。じゃ、その前提がこの場合成り立つかどうか考えてみよう」というぐあいに、自分の質問や発言は、授業の邪魔になったのではなく、役に立ったのだと思わせるような対応をとることが必要です。
5. 授業中に発言・質問することをしりごみする学生でも、教師となんらかのコンタクトをとりたいと考えている学生はたくさんいます。授業が終わったあともしばらく教室に残りましょう。そうすると、質問をしたり雑談をしに集まってくる学生は必ずいます。

6.1.2 学生からのフィードバックを促すその他の方法

授業中の質問・発言は、学生から教師への最も一般的なフィードバックの経路ですが、それ以外の経路を利用して、学生の授業への参加度を高め、彼らのアイディアを授業に活かすこともできます。
1. リアクション・ペーパー（Reaction Paper）、ミニット・ペーパー（One-Minute Paper）、質問カードの利用

    これらは通常、授業時間中に（場合によっては宿題の形にして）学生に書いてもらう、授業についての短いコメントです。カードのサイズからA4くらいまでの大きさの用紙1枚を使用します。書かせる内容は、その日の授業についての感想、疑問、批判、あるいは教師が与えた小さな質問に対する回答などです。授業アンケートを兼ねた使い方をする人もいます。

    こうしたコメントを学生に書いてもらっている場合、その結果を授業に活かすことを考えましょう。ときどき優れ

た着想、痛烈な批判などを書く学生がいます。その場合、必ず次回の授業で、「〇〇さんによると、……だそうです」とか「このことについては、△△さんがこんなアイディアを寄せてくれました」というぐあいに、こうした優れたアイディアを授業の中で紹介しましょう。さらに、そうした学生に事前に連絡をとり、授業時間に短い発表をしてもらってもよいですし、OHPなどを利用して、学生のコメントそのものを紹介しながら授業を進めることも考えられます。

2. 学生の成果を共有する

学生のできのよいレポート、課題への答案をコピーして配付する、授業のホームページにアップロードするなどしてほかの学生にも紹介します。

3. ほかの学生がなにをやっているのかを知らせる

たとえば、テーマを自由に設定して学期末論文を書くというような課題を与えた場合、クラスの学生たちがどのようなテーマを選んだかのリストを明らかにするなどして、自分のテーマを反省して改善する手がかりにしてもらうことができます。

コラム 「グッド・クエスチョン」の精神で

わたし自身の失敗経験として、受講生から出てきた意見を論破してしまったことがあります。ときとして、大学教師のそのような力は、学生にとって鋭利な武器ともなりえるのです。

いまから3年前にさかのぼりますが、「教育学」の授業で議論の時間を設けて、「小学校におけるいじめをどう解決するのか」のテーマについて学生の意見を出させていました。そこで

> ある女子学生が、「学校にいる間は、教師は子どもと片時も離れずにいるべきで、そうすればいじめは起こらないはずだ」という意見を熱く述べました。
> 　意見が出尽くしたころ合いを見計らってこのテーマを閉じることにしましたが、職場で議論していたホットなテーマであったので、わたし自身の解決策を熱く開陳してしまいました。その解決策の論理は裏返せば女子学生の意見への批判に結果としてなったようで、当の女子学生は自分が批判されたと勘違いして顔をうつむけてしまいました。しゃべっている途中でなにが起きたかに気づいたのですが、もう流れは戻せませんでした。次回に彼女は欠席。その後、数回は出席しても、仲間と目立たぬ私語に興じて授業はシカトされました。
> 　彼女と仲のいい男子学生がとりなしてくれて、授業の最後のころは彼女の誤解は解けたのですが、なにか心にひっかかった状態での授業はやりにくいものでした。心理的に傷つきやすい学生が増えてきている昨今にあっては、教師の側は常に「グッド・クエスチョン」の精神に立って、学生にはまず議論を楽しむ雰囲気を経験させる工夫が必要になるようです。

6.2　効果的なディスカッションをリードしよう

　少人数のセミナーで学生に議論をさせようと試みて、誰もなにも言わない、という地獄のような状況に陥った経験のある人も多いでしょう。確かに、日本人学生がディスカッション下手であるということには、さまざまな文化的・歴史的要因もあり、なかなか一筋縄ではいかないようです。

　しかし、多くの場合、ディスカッションがうまくいかない原因は教師の準備不足にあり、これはわたしたちのちょっとした意識の転換でなんとかなる部分です。日本人の特殊性のせいに

してあきらめる前に、すこしトライしてみましょう。

　ディスカッションの試みが悲惨な結果に終わる典型的なシナリオは、次のようなものです。

　教師：(学生の発表が終わったあとで)「はい、○○くん、どうもありがとう。それじゃ、いまの発表について自由に議論しましょう。なんでもいいですから、誰か意見を出してください」。

　しーん。クラスは沈黙する。

　教師：「なにもないですか？　ないってことはないでしょう。それじゃ××くん。どう思いますか？」

　哀れな××くん、石になる。

　教師：(いらだちを隠せず)「なにもないの？　なにかあるでしょう。いいから言ってごらん」。

　××くん、依然として石のまま。見かねて△△さんが挙手。

　教師：(ホッとして)「はい、△△さん」。

　△△さん：(おずおずと)「……(思いっきりハズした意見)……」

　教師キレる。

　この先生の問題点は3つあります。

1.　授業でディスカッションを行うねらいを明確にしていない。きちんと準備せず、漫然とディスカッションを始めてしまった。
2.　ディスカッションの口火を切る問いかけが、あまりにもあいまいすぎる。
3.　学生の反応にまかせっきりで、ディスカッションをリードしようとしていない。

逆に、この3点が、効果的にディスカッションを行うために

注意すべきことがらだといえます。以下では、ディスカッションをリードする際に注意すべきことがらを、6つのポイントに分けて解説していきます。

- 事前の準備
- 口火の切り方
- 活性化のコツ
- 軌道修正のコツ
- 締めくくり方
- 大人数の授業での場合

6.2.1 ディスカッションをさせるには事前の準備が重要だ

なんでもよいから、とにかくディスカッションをさせればよい、というものではありません。ディスカッションは、ある一定の教育内容を、学生自身が考えることを通じて深く理解させるためのひとつの方法として位置づけられます。つまり、あくまでも重要なのは、その教育内容です。まず、コースの教育目標に照らして、どこで、どのようなことがらを教えるのにディスカッションが有効になるのかをよく考えてください。ディスカッションが有効なのは、次のような場合だとされています。

1. 対立する複数の仮説について、それを支持するにはそれぞれどのような議論と証拠が必要になるかを、学生が自分で見いだしていくための補助手段として用いる場合。

2. 授業や課題を通じて学んだ一般的原理を、学生自身が個別事例に適用する機会を与えるために用いる場合。

3. 与えられた資料、課題から、問題点や新しい問いを学生が自力で発見し、それを定式化する訓練として用いる場合。

4. 学生が授業、課題などを正しく理解できているかを確認する手段として用いる場合。

いずれの目的でディスカッションを行うにせよ、それぞれ議論を通じた学習を可能にする事前の準備が大切だということがわかるでしょう。次の点に気をつけて準備を進めましょう。

1. ねらいを説明する。

　　今回のディスカッションはどのようなねらいで行い、それがコース全体あるいはその日の授業の中で、どのように位置づけられるのかを学生に説明します。

2. 議論する問題は明確に定式化する。

　　「……についてどう思うか」というような漫然とした問いかけではなく、「××について……という見解があるが、その見解は正しいだろうか」、あるいは「××の原理によれば、この場合……ということになるはずだが、そうならないのはなぜか」というように、限定され、明確化された問題をディスカッションのテーマとして用意しておきます。

3. テーマとして選んだ問題に関連しそうな問題をあらかじめ構造化し、問いの連鎖を用意しておく。

　　たとえば、主問題が「ライト兄弟は、なぜ飛行機を発明できたのか」というものだとしましょう。この問題を考えていくときには、「彼らのライバルはどの程度飛行機の発明に近づいていたのか」「主問題を解くためにライト兄弟とライバルたちの研究のどのような側面に注目すればよいか」「両陣営は飛行機を既存のどのような乗り物になぞらえていたか」などなどの問いが派生してくるでしょう。こうした問いをあらかじめ考え、適切な個所で議論をリードするために使うよう、構造化しておきます。

4. 学生が考えるための材料を用意しておく。

　上にあげたような問いを考えるには、たくさんのデータが必要です。あらかじめ資料として配付するにしても、ディスカッションの場で提示するにしても、学生が考えるための材料をあらかじめ用意し、それをどのように提供するかを考えておきます。

5. 提示された問いに対し、学生が到達しそうな複数の回答をあらかじめ考えておく。

　そして、学生にそうした複数の選択肢に白黒をつけさせるには、さらにどのようなデータと問いかけが必要になるかを考え、用意しておきましょう。

もちろん、教師の思惑どおりにディスカッションが進むということはめったにありませんし、あまりに教師が自分のプランどおりに議論を進めたいということにこだわると、学生はコントロールされているという気持ちを強く持ってしまいます。ときには、教師の思惑とは異なる仕方で議論が進み、そのほうが実り豊かであることもあるでしょう。しかし、あまりに議論が本筋からそれてしまったり、沈黙がつづいてしまうことを避けるためには、教師があらかじめ以上のようなゆるやかなディスカッションの見取り図を描いておくことは重要です。

6.2.2　ディスカッションのはじめ方

授業の中で自然発生的にディスカッションが始まる、というのは理想的ですが、そんなことはめったにありません。どうしても、教師がディスカッションの口火を切ることになります。この議論のきっかけを英語ではディスカッション・オープナー（discussion opener）と言うようです。これはもちろん、教師か

ら行う効果的な問いかけなのですが、ここで注意すべきことがあります。

1. 学生も準備が必要だ

どんなによい質問でも、いきなり問われたなら、学生は戸惑うばかりです。学生側でもディスカッションには準備が必要です。あらかじめ、読書課題を与えておく、ビデオを見る、実験や実演を見る、などクラス全員が共有する素材を与えた上で、「ところで、いま見たビデオで……だったけれど、それはどうしてだろう？」と問いを投げかけます。あるいは、「次回のセミナーでは……という問題について議論するから、しかじかのホームページ（あるいは、新聞、雑誌、コースパケット中の論文など）を見ておくように」というぐあいに、問いを前もって与えておくこともできます。

2. ディスカッション・オープナーとして効果的な問い方
- 大きすぎる漠然としたものは不適切です。
- 読書課題、実演内容など学生に与えた素材に関連する具体的な問いでなくてはなりません。
- ただひとつの簡単な答えのある問いはディスカッション・オープナーとしては不適切です。2〜3の対立する回答を生み出すような問いは、そのあとにさらにディスカッションをつづけるために効果的です。

6.2.3 ディスカッションを支え活性化させるコツ

ディスカッションを活性化させるために、次のちょっとした配慮をしたらどうでしょう。

1. 教室の環境に配慮する。

　椅子や机の向きはディスカッションに適しているか。学

生同士がお互いの顔を見ることができるか。
2. 互いに名前で呼び合って議論しよう。
3. 考える時間と材料をたっぷり与えよう。問いを発して、すぐに手があがったりしたら、「もうちょっと待って」と言おう。
4. 学生は教師に向かって話すのではなく、ほかの学生に対して話しかけるのだということを徹底しよう。
5. 学生は教師の反応が気になるもの。発言を促すように、うなずいたり、ほほ笑んだり、軽い補足をする、といったサインを送ろう。
6. 教師はディスカッションの参加者ではなく、それを導く役割だということを忘れずに。黒板を使って議論をまとめる書記役を演じるのもよいでしょう。

コラム　デヴィルズ・アドヴォケイトを演じてみよう

　表情に乏しい若手俳優キアヌ・リーヴスと名優アル・パチーノが出演した「ディアボロス」という映画をご存じだろうか。まだ見ていない方は、ずっと見なくていいです。この映画の出来はここでの話題に関係ない。この映画の原題は"The devil's advocate"と言う。なぜ日本の映画配給会社はアホな邦題をつけたがるのかということもここでの話題には関係ない。
　デヴィルズ・アドヴォケイトというのは、ローマ・カトリックで教義を定めたり改定する際に、意図的にその教義に反対の立場（すなわち悪魔の立場）をとることによって、その教義の正当化の議論のすきをチェックし、より強い議論に支えられた教義に鍛え上げていくことを目的として任命される役割、つまりは悪魔の代理人のことを指す。映画では、キアヌ・リーヴス演じるところの辣腕弁護士が、まさに白を黒と言いくるめる妙

技を発揮していた。
　デヴィルズ・アドヴォケイトがおもしろいのは、それが相手の主張の論駁をめざしたものではなく、ターゲットとなる主張を、より正当化され、より強いものにすることを目的としているという点だ。相手の主張を批判することがすなわち、相手を攻撃し、傷つけることだと感じ、怖くて批判ができない学生（学者も、だったりして？）に対して、生産的批判というものがあるということを理解させるのに、この方法は有効ではないかと思う。なによりも呼び名がシャレている（などと言ったらカトリックの人に怒られそう）。「君の主張はおもしろいね。しかし、論拠がまだ弱いから、わたしはここであえてデヴィルズ・アドヴォケイトの立場に立ってみよう。目的は君の主張を鍛えることであって、それをつぶすことではないからね」というぐあい。

6.2.4　ディスカッションを軌道修正するコツ

　かりに、学生同士の議論が活発に行われていても、それが間違った前提にもとづいて進んでいたり、同じことの繰り返しになっていたり、本質的でない話題にそれてしまったりしたら、教師が上手に介入して議論を軌道修正しなければなりません。
　この際に気をつけることは、議論に参加している学生のやる気をそがないように配慮するということです。議論をおかしくしてしまった責任のある学生をやり玉にあげて、「君の言っていることはどうでもよいことだ」などと指摘するのはまずいやり方です。次のように、ポジティブな言い方で誤りに気づかせることが重要です。
　「君のこの着眼はするどいんだけど、……という意見のほうはどうだろう？　違うんじゃないだろうか」「君の言ってい

ることは、もし……だったなら正しかったろう。だけど」
「君の言いたいことは、こういうふうに言ったら誤解を招きにくいんじゃない？　つまり……」

よいタイミングで適切な問いを投げかけることによっても、議論を軌道修正することができます。最悪の場合、まったく発言が出てこなくなり、議論が死んでしまうこともあります。これはすべての参加者にとって居心地の悪い状況です。このとき、ディスカッションを再生するには、

1. 素材として与えた論文や資料のしかるべき個所を、学生に朗読させる。
2. 簡単に答えられる質問を発して、それをきっかけにする。単純な事実の確認でもよいし、「正解」を言わなくてもよいという点で気軽な問題、「もし、君がこうした状況におかれたらどうする？」「もし、明治維新が起こらずに鎖国がつづいていたらどうなっていたと思う？」というような仮定にもとづく質問などが役に立つでしょう。

6.2.5　ディスカッションをいかに終わるか

ディスカッションをどのように締めくくるかは、とても大切です。時間切れでなんとなく終わった、ということだけは避けなくてはなりません。議論することを通じて、なにかがすこしでも明らかになった、考えたかいがあったという気持ちになることが重要だからです。教師がまとめをしてもよいですが、学生の誰かを指名して今日のディスカッションの結論を述べさせることもよいでしょう。また、リアクション・ペーパーに、ディスカッションの要約（どんな問題について論じ、どのような結論に達したか、どんな異論があったか、残った問題はなにか

など)を書かせて提出を求めてもよいでしょう。重要なのは、やりっ放しにしないことです。

6.2.6　大人数の授業でディスカッションを実現する方法

大教室での授業は、セミナーに比べ学生の主体的活動の程度は低くなりがちです。しかし、以下のようなさまざまな工夫により、大教室でも学生が「ただ聞くだけ」という受動的な態度に終始するのを防ぎ、ディスカッションらしきものを行うことができます。

1.　バズ・グループ (buzz group)

ディスカッションは大人数の授業では実施しづらいものです。しかし、授業の一部を利用してディスカッションふうのものを実現する方法もいくつかあります。バズ・グループはその代表的なものです。クラスをいくつかの小さなグループに分けます (通常、同じ机に着席している 3 〜 4 人)。そして小さな課題をクラス全体に与えて、ごく短時間話し合わせて、その結果を報告してもらうというものです。たとえば、授業で紹介した原理の事例、ないしは反例、概念の適用例、小問の解答、可能な仮説などを相談して考えてもらう、といった課題がふつうです。ちなみに、バズというのはハチの羽音のことです。

2.　フィッシュボウル (fishbowl)

これも大人数の授業でディスカッションを実現するための方法です。授業に参加している学生のうち 5 〜 10 名くらいを指名してディスカッションをしてもらい、残りの学生は聞き役に回るというものです。にぎやかにディスカッションしている学生をほかの学生たちが遠巻きに眺めている様子が金魚鉢を連想させるところからついた名前でしょう。

6.3 学生の参加度を高めるさらに進んだ方法

ディスカッション以外に、授業の中で学生のアクティビティを高める方法を紹介しましょう。

6.3.1 ロールプレイング

ビジネス、国際関係などの教育では、学生にそれぞれ対立する個人、企業、政府などの役割を割り振ってロールプレイングをさせることで、戦略的思考を身につけさせる方法が開発されてきました。模擬裁判などもこれに含めることができるでしょう。こうした方法は、さらに他の分野へも拡張していくことができます。たとえば、あらかじめ与えてある論文の著者になったつもりで、それを批判から擁護する、資金援助を申請しているNPOの代表とスポンサーの役割を与え、そのプロジェクトの意義や問題点などを議論させるなどなど。分野に応じたおもしろいロールプレイングができそうです。

その際に重要なのは、(1)目的を明確にする、(2)準備をしっかり行う、(3)観察者役に回る学生に対してもなんらかの活動を課す、ということです。あらかじめ、学生全員に必要な資料と課題を与えて準備をさせておくようにし、いきなりその場でやってみろ、ということのないようにします。またあらかじめ全員が準備をしていれば、観察者側に回った学生も、ロールプレイングの出来に対して適切な批評が可能になります。

6.3.2 グループによるプロジェクト

コースの中で学生に4〜5人のグループを作らせ、フィール

ドワーク、ホームページやプログラムなどの制作・発表・共同学習などの作業をさせます。一人では負担に感じられるような課題でも、仲間がいるという安心感から積極的に取り組めるようになります。重要なのは、授業中の口頭発表でも、報告書の作成でも、とにかくなんらかの形で成果の報告を求めることです。また、このような形式の学習で常に問題となるのは、フリー・ライダー（ただ乗りする人）にいかに対処するかです。グループのすべてのメンバーが、なんらかの仕方でプロジェクトに貢献できるように、役割分担を明確化する必要があります。

6.3.3 学生同士の批評

ある学生の提出したレポート、課題をほかの学生に読ませて、論評するレポートを書かせたり、報告をさせます。仲間内の評価にさらされるということは、学生たちにとってよい緊張を与えます。

6.3.4 論集を学生たちに発行させる

少人数セミナーの場合、学期の最後に学生自身に論文集や報告集を編集・発行させてみましょう。学生にとって、ほかの学生がどのようなことを考え、書いたのかを知る機会は意外に少ないのです。

7章　授業時間外の学習を促す

7.1　学習を上手に促す課題を与えよう

7.1.1　まずは無理なくスタート

　ここで扱おうとしているのは、学生を成績評価するための課題ではなく、学生の授業外の学習を促すための課題です。したがって、初めから学生が負担に感じる「重い」課題を与え、学生の意欲をそいだり、最悪の場合、コースからドロップアウトさせてしまうのでは意味がありません。コースを通じて適切な量の課題をまんべんなく与えていくこと、初めのうちは学生が取り組みやすい課題を与えていくことが重要です。

- 学生がどの程度の能力と知識をもっているかを把握し、最初のうちはすべての学生がすでにもっている知識・技術を用いて取り組めるような簡単な課題を用意する。
- 無難な課題と、少々骨が折れるが挑発的でやりがいのある課題、個人で取り組める課題かグループで行う課題、というように、課題の形式、内容についていくつかの選択肢を用意する。あるいは、中間試験を受けてもよいし、小論文を書いてもよい、というような選択肢もありえます。

7.1.2　やらせっ放しは禁物、課題は必ずフィードバック

　学生から課題を提出してもらったときには、すぐになんらかのフィードバックを行うことが重要です。課題を提出しても教

師側からなんの反応も返ってこないとなると、学生は、せっかく課題を果たしても自分の向上につながるものを得ることができないことに気づき、課題を通じて学ぶ意欲を失ってしまいます。こうなると、学生から提出される課題はますますノルマを果たすだけの手抜きのものとなり、教師はそのような手抜きの課題にがっかり、という悪循環が始まります。

　理想的には、課題や小論文はすぐに採点、コメントして返却すればよいのですが、大人数の授業の場合なかなかそうもいかない、TAにまかせることもできない、ということもあるでしょう。そのような場合は、次のティップスを参考にしてください。とにかく、なんらかの形で学生に提出した課題についてフィードバックを与えることを忘れないようにしましょう。

▶大人数の授業で課題を効果的にフィードバックするためのティップス

- 授業中に課題を回収したら、ただちに模範解答を配布する。
- 授業開始時に課題を回収し、授業の中で解答を検討する。
- 次回の授業で、課題の中の特徴的な見解や誤解についてコメントする。
- 学生のよくできた答案・論文を掲示、授業のホームページにアップロード、印刷・配付などしてクラスに紹介する。
- 仲間の論文を批判的に読むミニ論文批評会を開かせる。

7.1.3 学生にポートフォリオを作らせる

さまざまな課題をやりっ放しにさせないもうひとつの方法は、学生に学習ポートフォリオを作らせることです。学習ポートフォリオとは、その学生がコースを受講する間に作成した成果物を蓄積した学習記録ファイルです。たとえば、次のようなものを挟み込みます。

- 提出し添削を受けた模範課題
- コースに関連して学生が自分で調べたこと、コメントしたことのすべて
- 中間試験の答案、その模範解答

こうしたポートフォリオの利用は、学生にとっても教師にとっても、メリットがあります。学生は、自分がコースを通じてどのように進歩してきたかを常に一覧することができます。どれだけの課題を提出したか、あとどれだけの課題が控えているのかなどが自己管理できます。教師にとっては、期末にポートフォリオを提出させることで、それぞれの課題をそのつど採点したり、各学生の課題の提出ぐあいをそのつど記録にとどめたり、学生からの「先生、ぼくはいくつ課題を出しましたっけ？」という質問に悩まされずにすみます。

7.2 学生の書く力を伸ばそう

かつて日本の大学の授業では、試験の代わりに最後にレポートで評価し、そのレポートは返却されないから学生は自分の出来映えについて知ることはできず、かくして「書けば単位もらえるからラッキー！」という悪習が定着、というのが典型でし

た。こうした旧来のやり方のまずい点は次の3つです。
1. フィードバックがないため、学生は書くことを通じて学ぶことができない。
2. コースの最後に一回だけ書かせるという単発的なやり方のため、学生に書くことのスキルが身につかない。
3. 「レポート」という単一のカテゴリーにすべてのライティングを押し込めているために、学生は目的に応じた文章の書き方を意識することを身につけることができない。

第1の点についてはすでに述べましたので、ここでは第2、第3の点について詳しく述べましょう。学生はひとつのコースを通じて、何度かの機会にわたって複数のタイプの文章訓練を受けるのが理想的です。とくに、学期末論文においては、それが形式面でも学術論文に準じたものになるようにトレーニングされるべきです。逆に、こうした訓練を1年生のころから行っていれば、卒業論文制作時に、論文の形式上の事柄について口うるさく指導せずにすむわけです。なんでもかんでも「レポート」と呼んでしまう日本の大学での風習には、そろそろさよならを言うべきときが来ているのではないでしょうか。

7.2.1 学生がコースで書く文章のタイプと目的

1. リアクション・ペーパー、ミニット・ペーパー、質問カード

呼び方はさまざまあるようですが、授業中や授業終了後、比較的時間を置かずに書かれるもので、授業のまとめ、授業についての感想や質問を形式にこだわらずに書く、比較的短いもののことを指します。学生による授業評価のために用いられることもあります。(105ページも参照)。

2. ログ（log）

授業外での学習を促す目的で課される短い報告のことです。たとえば、授業に関連した課題図書や課題論文を読み、その内容をまとめたうえで、それについての疑問、コメントなどを書くものです。コースの間に複数回課されることがふつうです。

3. ターム・ペーパー（学期末論文）

文字どおり、コースの最後の仕上げに書かれる小論文のことです。これは内容の構成（導入・本文・結論）、執筆の形式（注・参考文献一覧）ともに、学術論文の体裁で書くように指導されます。

4. 実験結果報告

科学実験や観察を行ったときに、その結果を報告するために書く報告書です。

重要なのは、これらの文章はそれぞれ書く目的が異なり、それに応じて適切な書き方も異なるということを、たとえばシラバスに明示するなどして、学生にきちんと伝える、ということです。それを怠ると、「この課題を見たとき、しまったと思いました。というのは……」で始まり、「というわけで、そろそろ枚数が足りてきたみたいなのでこの辺で筆をおきます」で終わるような「論文」を読むはめになります。

7.2.2 学期末論文の書き方をどのように指導するか

さて、問題は、きちんとした学期末論文を学生に書かせるにはどのような指導を行ったらよいか、ということです。これまでは、学生自身の試行錯誤に任されていたように思います。理想的にはごく少人数のクラスで、個別の添削指導を行うということになりますが、ここでは比較的大人数の授業での指導法を

考えてみましょう。いつくつかの方法が考えられます。
- 論文の書き方についてのミニ講義を、コースの中で時間をとって行う
- 「論文の書き方」についてのプリントを作り配付する
- 見本となる論文を配付し、形式や構成のモデルにさせる
- 論文の書き方についての副読本を指定する

また、学生に論文らしい論文を書かせたいのであれば、課題の出し方、評価の仕方についても工夫をする必要があります。

「○○について述べよ」というような漠然とした課題は避けましょう。漠然とした課題に対しては学生は何を書いてよいかわからず、結果として構成のしっかりしない随筆ふうの散漫な文章を書いてしまいます。課題を具体化するためには、次のようなしかけを試みてみたらどうでしょうか。

- 対立する見解が生じているような話題について、いずれの見解に賛同するかを問う。
- ある状況を設定して、「もし君がこの状況に置かれたらどのように判断するかを述べ、その判断の根拠を明確にするとともに、その判断を正当化せよ」というようなシミュレーション課題を与える。
- 論点が明確に書かれている既存の論文を配付し、それを分析・批判させる。
- ある現象を取り上げ、なぜそのようになるのかについて仮説と対立仮説を立て、その仮説を支持する証拠、対立仮説を反証する証拠をあげて論じさせる。

などのように、課題に答えようとすることが、そのまま構成のきちんとした論文を書くことにもつながるような課題を与えることが重要です。また、次の点にも注意しましょう。

- 資料、図書リストなどを配付して、論文を書くための材料を学生に提供しておく。
- 学生に論文をどのような観点・基準で評価するかをあらかじめ伝えておく。その評価基準を満たそうとすると、構成が明確で形式の整った論文を書かざるをえないようにしておくことが重要です。

➡ 学生配付用の学期末論文評価基準の例　p.141

7.3　オフィスアワーなどを通した学生指導

　授業時間外に、学生がコースの内容についての質問や学習上の悩みなどについて相談を希望する場合、なんらかの形で必ずそれを受け入れる必要があります。しかし、いつでもどこでもOK、というわけにはいかないのが実情かもしれません。重要なのは、学生との間にルールを設けておき、それを双方が理解し尊重する、ということです。それは、週の特定の曜日・時間帯を学生との面談を最優先する時間帯としてあらかじめ指定しておく、いわゆる「オフィスアワー」を定める、というやり方でもよいですし、「研究室のドアをいつも開けておくから自由に入ってきていいよ。ただし、どうしても邪魔されたくないときだけは閉めておくから、その場合は遠慮してほしい」ということでもよいでしょう。そのほかには、次のような項目についてあらかじめ約束しておく必要があります。
- 電子メールによる質問を受け付けるかどうか。
- 質問の内容について、たとえば、宿題を出したかどうか、課題の締め切りはいつかというような質問はシラバスに明

記してあるので答えない、など。
- 自宅で質問を受け付けるかどうか。受け付ける場合は、何時まで電話をかけてよいか。

> **コラム　オフィスアワーのガイドラインを作りましょう**
>
> 「単位」時間の考え方の中には、授業外あるいは教室外での学生の学習に対して教師が指導や相談を行う時間、つまりオフィスアワーが含まれています。最近では日本でもシラバスの中にこのオフィスアワーを明示したりして、制度としては定着した感があります。
>
> しかし、授業外の学習はチューターという指導教師が分担するイギリスの大学の制度と違って、日本の場合は授業のサポートスタッフがほとんど制度化されていません。このため、教師がオフィスアワーに割く時間にもおのずと限度がありますし、授業外の時間を長くつきあうことになるために、教師と学生双方にいろいろな社会的マナーが求められることになります。
>
> 日本の場合には、外国の新しい制度を形式的に（和風化して）摂取し、あとは往々にして個人のレベルにまかせる傾向がありますが、オフィスアワーについては接触時間の範囲はもちろん、その方法などについても組織としてのガイドラインを示し、その研修と評価を実施する必要があると思います。

8章　成績を評価する

8.1　学生が納得できる成績評価をしよう

　成績評価と単位認定は学生生活でのフラストレーションの最も大きな要因のひとつでしょう。そして、それは下手をすると、教師にとっても大きな悩みの種になります。明確で公正な基準にもとづいた成績評価を行う努力を怠っていると、学生から成績について抗議を受けたときにきちんとした対応ができなくなり、窮地に追い込まれます。成績を「大甘」につけていれば、こうしたトラブルは起こらないでしょうが、心ある学生からは軽蔑されるようになります。

> **コラム　「仏」教師が大学を成仏させる**
>
> 　言うまでもなく、「仏」教師とは単位の認定基準がたいへんに甘い教師のことを言う。私はかつて、赴任したばかりの鼻息の荒いころに、新入生向けの講演で、学生に媚びる「仏」教師とそれに甘える学生との悪循環で大学は愚者の楽園になりつつある、などと発言して、アンケートに「シニカルでヤな感じ」と書かれたことがある。こうした悪循環が大学をだめにするという考えじたいはいまでも変わっていないけれど、教師が「仏」になりたくなる原因と、学生は「仏」教師を望んでいるばかりではないということはわかってきた。
>
> 　教師が「仏」になるのはなぜか？　だって楽だもの。授業を手抜きしても、成績評価をいいかげんにしても、成績を甘くし

> てさえいれば学生からは文句は出ない。
>   では、学生は「仏」教師を望んでいるか？ どうやらこれはそうではなさそうだ、ということがわかってきた。彼らはちゃっかりしているので、もちろん「仏」教師の単位はしっかりいただく。しかし、彼らはそういった教師を要するに怠惰な臆病者だと内心バカにしている。かといって、もちろん「鬼」教師がお望みなのではなく、彼らが欲しているのは、ごく当たり前に評価をするふつうの教師である。
>   というわけで、現在はふつうの教師たらんとしているわたしですが、年をとってくると徐々に「仏」化するかもしれない。そのときは、人格が丸くなったのではなく、疲れたのだと考えてください。

　成績をつけるという行為じたいが、純粋な知的好奇心にもとづく自由な探究という学問の精神に反する、という信条もあるでしょう。しかし、大学にせよ、大学院にせよ、その学問の世界に学生を招き入れるにあたって、われわれは試験にもとづく成績評価を現に行っているわけです。このように成績評価が学生の人生について回る以上、われわれにできることは、成績評価が学生を傷つけ学問から遠ざけるものではなく、向上をもたらすものになるように努めるということでしょう。

　というわけで、成績評価の基本は、

1. 一貫した原則にもとづいていること
2. 明確かつ公正であること
3. 学生を励ますものであること

ということになります。以下では、こうした成績評価を行うために注意すべき点についてまとめていきましょう。

8.1.1 成績評価のポリシーを説明しよう

なぜ試験をするのか、なぜ成績をつけるのか、通常より厳しい成績評価を行う場合、なぜ自分はそのように厳しくするのかなど、つまり自分の成績評価についての基本的原則を学生に語っておきましょう。学生に嫌悪され、軽蔑されるのは、厳しく成績をつける教師ではありません。その厳しさが理性的な学問観・評価観にもとづいたものでなく、コントロールされていない私怨、抑圧、人格的なゆがみによるものだとかぎつけたとき、学生は教師の厳しさを軽蔑し嫌悪するのです。

> **コラム　成績評価に全学的ポリシーを**
>
> 　大学授業の成績評価基準は、学期末試験あるいは学期末レポート、出席状況、中間での課題提出、授業への参加度など、多元的であることが奨励されています。学期末試験だけで成績判定するという伝統的なケースも依然として見られますが、近年では「プロセス・パフォーマンス」（授業のプロセスの中で身につけた知識・スキルを重視する評価の考え方）重視の傾向の中で、単一の基準に依存する成績判定の方法は、妥当性と信頼性の観点からも検討を余儀なくされるでしょう。
>
> 　1998年の大学審議会答申は、「厳格な成績評価」の取り組み例として、(1)AからEの5段階評定とそれに対応する4から0のGPA（Grade Point Average：評定平均値）スコアの実施、(2)卒業のための最低GPA基準（たとえば2.0以上）の設定、(3)GPAによる退学勧告（プロベーション）制の導入、を明示しています。この例だけから判断すれば、大学審は「厳格な」というよりは「穏当な」改革策を提起しているように見えます。
>
> 　各大学がGPAを導入すると、対外的には国内他大学との単

位互換、編入学生の受け入れ、国外大学との留学生の受け入れなどをより円滑に進めるための接点ができます。そして対内的には、たとえば同じ授業科目を担当する複数の教師の間で不ぞろいの成績評価にならないような調整が容易になり、学生に対する公正さがさらに保証されやすくなるでしょう。

また GPA は単なる成績評定の技術ではなくて、それ以上の意味をもっています。たとえばアメリカでは、授業の成果や水準を目に見える形で社会に示すインディケーターとしても活用されるようになっています。学内的には GPA の水準についての合意が教師間で共有され、学生のアチーブメントについて経年的な変化や特徴を論議するデータとなりつつあります。

このように、GPA による成績評価はいろいろな可能性をもっています。今後は各大学がそれぞれの状況に合った、全学的に一貫性のある GPA のシステムを工夫し、ガイドラインを作成していく努力が求められるでしょう。

8.1.2 評価方法を学生と契約する

成績評価の基準と方法は、コースをデザインするときに考えておかねばなりません。なぜなら、成績評価の基準はコースの到達目標と不可分ですし、なによりもコースの始まるときに学生と契約すべき事項のひとつだからです。シラバスに成績評価の基準と、できればその方法を明確に示しておきましょう。その際には、「小テスト、出席点、期末試験、レポートの成績を総合的に加味して評価します」というあいまいなものではなく、次の点を明確にしたものを配付すべきです。

1. 成績評価にかかわるそれぞれの項目の比率。たとえば、「小テスト 30%、期末試験 50%、学期末論文 20%」というぐあいに示します。

2. 試験を受けられなかったり、課題を提出できなかった場合にどのような方針で望むか。救済策を設けるなら、それはなにか。
3. 成績評価にかかわるそれぞれの項目が、学生の到達目標とどのような関連をもっているか。たとえば、小テストは基本的概念の意味を正しく理解しているかどうかを見るためのもの、期末試験はそれらの概念を正しく用いて現実の問題に適用して理論的に考えることができるかどうかを見るためのもの、というように。

8.1.3 成績記録の管理と保管

期末試験の答案は学生が卒業するまで保管するということになっていますが、コースの途中で採点した小テストの点数、課題の評価なども、常にまとめてすぐに提示できるような形で管理しておきましょう。このことにより、学生の最終的な成績評価をめぐってトラブルが生じたときに、きちんと正当化することができます。

8.2 テストによる成績評価

8.2.1 学習を支援するテストを

テストは成績をつけるためだけに行われるのではなく、(1)学生自身が復習をし、コースで学んだことを整理する機会、(2)学生が自分の理解度を確認するための機会、そしてうまくいけば、(3)学生がさらに学ぶ動機を獲得する機会、ということも忘れないでください。そこでまず、こうしたテストの教育機能をさら

に充実させるための工夫を紹介しましょう。

1. 過去の試験問題、あるいは模擬試験問題、試験用の練習問題をクラスに配付する。学生たちは「試験対策」と称して、サークルの先輩から過去の試験問題を手に入れることに躍起になったりします。そんなことは「試験対策」ではないのだということを知らせるべきです。そのためには、このような問題を出題しますから、それに対応できるように復習をしておきなさい、と指示してしまえばよいのです。
2. メモ1枚持ち込み可。重要な公式を暗記させることに主眼がある場合は別として、テストのときには、A4の用紙1枚に重要と思う事項を書いてもってきてよいと指示します。いわばカンニング・ペーパーを公認するということですが、これにより学生は事前に教科書やノートをかなり真剣に見直し、しかもコースの重要ポイントはなんだったのかをよく考え、それを簡潔にまとめるという作業を自然と行うようになります。
3. 予想問題と解答例、採点基準を学生に作らせる。よくできた問題はボーナス点として試験の点数に加算します、と宣言すればより効果的でしょう。これも上の項目と同じような効果があります。
4. 試験の直後に解答を発表する。「直後」というところが重要です。なぜなら試験を受け終わったばかりのときが、最も解答を知りたいという欲求が高まっているからです。
5. 論述形式の試験を行う場合など、事前に問題を与えておき、十分に下調べをさせる。この場合、むしろ試験の主眼は、事前にどれだけきちんと考えをまとめたかを見ることになります。

8.2.2 テストの問題をつくる際に考慮すべきこと

最も重要なことは、問題はコースの目標に応じて作らなければならないということです。コースの目的が計算能力の向上にあったのなら、それを促しそれを確かめる問題でなくてはなりません。事実的な知識を重視する内容のコースであればそれに即したテストを、事実よりも原理を重視するコースであればそのようなテストを行うべきです。概念の理解、原理の応用、解釈、翻訳、知識の定着、事象の分析など複数の目標をもったコースなら、それぞれの目標に応じた内容と形式の問題を用意しましょう。

問題をひととおり作り上げたら、次のチェックリストの各項目について確認をしましょう。また、同僚や TA にコメントを求めるのもよいでしょう。自分では気づかなかった問題文のあいまいさなどを指摘してもらうことができます。

✔ チェックリスト：テストを実施する前に

> ❏　事前に学生に予告した通りの形式になっているか
> ❏　学生がコースで獲得した知識やスキルによって解答することが可能な問題になっているか
> ❏　問題の分量は適切か（自分で解いてみて、制限時間の70％程度で終了できたか）
> ❏　問題文の指示はあいまいでないか、誤解を招かないか、それぞれの問題の配点が明記されているか
> ❏　解答欄のスペース配分は適切か（十分なスペースがあるか。あるいは逆に、短い答えを想定している問題に多

> くのスペースが割り当てられていると、学生がそこを埋めなければならないと誤解します。そういうことがないか。どこになにを答えるかが明確に指示されているか。)
> ❏ 問題の難易度は適切に分布しているか
> ❏ やさしい問題から難しい問題へと配置されているか
> ❏ 問題じたいが取り組む気持ちにさせる興味深いものになっているか
> ◆計算問題の場合
> ❏ 答えのきちんと出る数値が与えられているか
> ❏ 要求される計算量は適切か
> ❏ ある問題に正解しなければほかの問題に答えられないというような形式の問題（double jeopardy）があまりに多く含まれていないか

8.3 論文による成績評価

論文の書き方の指導については、すでに「7.2 学生の書く力を伸ばそう」で触れたので、そこを参照してください。ここでは学生が書いた論文をもとに成績評価を行う際の問題点と解決策を考えていきましょう。

8.3.1 評価を公正に行うために

論文による評価で最も悩ましいのは、客観的な評価基準を立てにくいということです。しかし、基準を明示しない評価では、学生は、自分の提出した論文がCならCという評価を得たときに、どこが悪かったのかわからなくなってしまいます。また、

教師の側も明らかに出来の悪い論文でも基準を明示しなかったばっかりに不合格にすることができなくなってしまい、その結果「書けばOK」になってしまいます。したがって、論文の評価基準を事前に学生に明示しておくことが大切です。この基準は、逆に学生にとってはどのような論文を書けばよいのかのガイドラインにもなります。

　また、論述形式の試験についても当てはまることですが、論文の評価では採点基準を一定に保つことが難しくなります。同じような論調・内容の論文をつづけて読んでいると、次第に評価が厳しくなっていったり、採点作業の初めと終わりで基準がずれてきたりします。これはどうしても避けがたい側面もありますが、(1)採点作業に入る前にあらかじめいくつかの論文をピックアップして読んでみることによって、できぐあいのばらつきをおおよそつかんでおく、(2)ときおり、すでに最初のころに採点ずみの論文を取り出してきて読み直す、(3)いくつかの問題からなる論述形式の試験の場合、答案用紙ごとに採点するのではなく、問題ごとに採点する、などの方法をとることによって、基準のぶれを最小限にすることはできるでしょう。

➡ 学生配付用の学期末論文評価基準の例　p.141

8.4　成績評価にまつわるトラブル

8.4.1　課題の提出をめぐるトラブル

1. 提出期限を守れない

どんな学生にも、事故、病気、身内の不幸などで提出期限内

に課題を提出できないという事態が生じえます。このようなとき、期限は期限だから1日たりとも延ばすことはできないと突っぱねるのも現実的ではありません。とはいえ、あまり融通をきかせると、期限を守ろうとしている学生に不信感を抱かせてしまいます。これは頭の痛い問題ですが、たとえば次のような対処法もあります。あらかじめ、コースの初めに学生に次のように言っておきます。「君たちに3日（ここはコースの事情に合わせて適切な日数を定めてください）のボーナスをあげよう。これは、コースの中で課されるいろいろな提出物の提出期限を合わせて3日だけ延ばしてあげる、というものです。3つのレポートの提出期限をそれぞれ1日ずつ延ばすために使ってもよいし、ひとつのレポートの提出期限を3日間遅らせるのに使うこともできます。計3日以内ならペナルティなしに提出物を受け取ることにするよ。その代わりそれを超えたら……」。これはアメリカの大学では猶予日数（days of grace）と呼ばれているようです。

2.「提出したはずですよぉ……」

学生は課題を提出したと言い張るのに、なぜか教師の手元にはない。こうしたトラブルを避けるためには、課題提出のルールとしてコースの最初に、必ず1部コピーをとって学生の手元に保存しておくことを約束させるという方法があります。もし万が一、教師が紛失してしまったときには、そのコピーを再度提出してもらうことができます。

3. 剽窃の疑いがあるとき

すべての不正行為に共通することですが、まずは防止することが先決です。論文の書き方についての指導を行う際、あるいは論文の課題を配布する際などの機会をとらえて、剽窃とはい

かなることか、そしてそれがなぜ許されない重大な不正行為なのか、を説明しておかなくてはなりません。

しかし、不幸にして剽窃の疑いのある論文（学生が書いたとは思えない表現が多用されている、そっくりな論文が複数見つかった、など）が現れたとしましょう。困ったことに、それがどこから取ってきたものなのか、あるいは誰が誰に見せたのかを突き止めるのは困難です。しかし、なにもしないで放置しておくというのは望ましくはありません。

万能の方法はないのですが、学生を呼び出して面談するというのが、おそらく最良の解決策ではないかと思います。論文の内容について簡単な質問をしたり、表現の意味を尋ねたりします。実際に剽窃をした学生のほとんどは、こうした面談によって剽窃したことを認めます。あとは、剽窃がいかに不正なことであり、本人にとっても有害なものであるかを説明し、しかるべき対応を伝えます（単位を与えることはできないとする、あるいは書き直しを命ずる）。

8.4.2　試験をめぐるトラブル

1. 試験のやり方が不正行為を生むということに気づこう

確かに、入学試験と同様なくらいに取り締まりを強化すれば、不正行為を防止することはできるでしょう。しかし、このように、人を見たら泥棒と思え式で対処していると、学生との信頼関係はぼろぼろになってしまいます。「不正行為したいけどできない」ではなく、「不正行為をしようとは思わない」試験にしていくにはどのようにすればよいのでしょうか？　これは難しい問題です。特効薬はありませんが、いくつかのポイントをあげておきましょう。

- クラスのふだんの運営において、学生が個人として扱われているという自覚を育てておく。大勢の中の名もない一人であるとみなされていると感じているときは、個人として知られていると感じているときに比べてずっと不正行為に対する心理的障壁が低くなってしまいます。
- 教師が学生を信頼せず不正行為の摘発に血道をあげているのはどうかと思いますが、逆に教師がまったく無関心に見えると不正行為を生み出してしまいます。不正行為は軽蔑すべきことだと考えていることを伝え、試験時間中は適切に見回りをするなど、不正行為の防止に関心をもっているというメッセージを伝えることが大切です。
- 試験場を巡回している際に、疑わしい行為を見つけたとします。そのときは、いきなり「君、いまカンニングしたろう！」と決めつけるのも、動かぬ証拠をつかむまで見てみぬふりをするのも得策とは言えません。われわれにとって重要なのは、不正行為の検挙率を上げることでは決してないのですから。「その本をしまったら？　不正行為と誤解されますよ」など注意の促し方を工夫する必要があります。
- 不正行為を誘発しがちなのは、その試験さえ合格すれば単位が認定されるという一発試験型の授業です。これは、その試験にあまりに比重がかかりすぎるために、学生に過重なプレッシャーをかけてしまう（この試験に落ちたら、いままでの努力が無駄になる！）ことと、逆に、その試験さえなんとか合格してしまえば、かりに一度も授業に参加していなくても単位がもらえると考える学生が増えること、という2つの点で、危険を冒しても行うだけのメリットを不正行為に与えてしまいます。中間試験、課題提出など、

学生が評価を受ける複数の機会を設けることで、こうした問題を防ぐことができます。
- 試験の内容を、標準的な学習をしていればそれなりの点数が獲得できるような妥当なものにする。学生の実力を発揮させるよりは、トリッキーで、学生を振るい落とすことを目的にしたような敵対的な問題ばかりを出題していると、学生は自衛手段として不正行為に頼るようになってしまいます。

2. 不正行為が起きてしまったら

まずは、やめさせることです。注意を促したり、疑わしい行為をしている学生のそばに立つ、席を換わることを促すなどして、警告を与えます。しかし、それにもかかわらず不正行為をやめない場合はやむを得ません。しかるべき手順に従って不正行為を扱うことになります。このとき、十分に気をつけなければならないのは、自分で恣意的な処分をするべきではない、ということです。

試験中に生じた不正行為の取り扱いについては、各大学・学部に規則があります。それを頭に入れておくことが重要です。

3. 成績評価への抗議

学生が血相を変えてオフィスに飛び込んできて、「先生の〇〇学が不可だったんすけどぉ。もっとよくできたと思うんですけど……」と言う。こんな経験は誰にでもあるでしょう。このように自分の成績評価についての不服申し立てに来る学生に、どのように対処すればよいでしょうか？　このような場合、しばしば半ばけんか腰の学生も見られます。したがって、教師は

「じっくり話を聞いてあげよう」という態度をとることが重要です。まずは、教師の側からは口をはさまずに、学生に言いたいことを言わせましょう。そのあとで、成績記録、次に保存してある答案用紙を確認します。そこで教師側のミスが見つかればしかるべく謝って、成績をつけ変えればすむことです。そうではない場合、答案用紙をいっしょに見ながら、どこに問題があって期待したほどの点数にならなかったのかを説明します。あるいは、成績記録をチェックする間、学生に自分の答案をもう一度見直させておいてもよいでしょう。この間に、学生は落ち着きを取り戻します。

　決して基準をずらしたり、「温情」で成績をつけ変えたりしてはなりません。「交渉すればなんとかなる」といううわさが学生の間に広まると、あなたはとんでもないツケを支払わされることになります。たいていの場合、教師が明確な基準のもとにきちんと成績をつけていることがわかれば、学生は打って変わって冷静になり、納得するものです。もし、あなたがきちんと成績をつけていなかったら……そのときは自業自得ですね。

　重要なのは、TAが課題の採点にかかわっている場合、成績評価をめぐって学生と教師の間で板ばさみになるという事態を避けることです。そのためにはTAに、成績に対して抗議に来た学生がいたら、最終的な採点は教師の責任で行われているから自分はこの件に関しては何も権限がない、と答えさせることをあらかじめ徹底しておくことです。

▶学生配付用の学期末論文評価基準の例

0. 評価以前の常識
(1) 他人の論文、本の丸写しは学生として最もやってはならないことです。不正行為とみなし、単位認定の対象としません。
(2) 必ずホチキスで綴じて提出すること。

みなさんの提出した論文は、次の観点から評価されます。
1. 内容
A 導入部
(1) 論文の目的、扱う問題がきちんと述べられているか
(2) その問題が扱うだけの重要性をもっているということが、説得力ある仕方で述べられているか
(3) 本文の構成が手短に書かれているか
B 本文
(1) 問題の提示
- 問題は予備知識のない読者にもわかりやすいように、丁寧に解説されているか
(2) 論拠と議論
- 論拠は十分に集められているか
- 論拠としたデータの信頼性は吟味されているか
- データは論旨にとって関連性のあるものか
- 議論は妥当か？ つまり論拠からきちんと結論が帰結するか
- 互いに矛盾することが述べられていないか
(3) 構成

- 本文では、きちんと導入で立てられた問題が扱われているか
- 本文の各段落は、読者に議論の流れがわかりやすいように配置されているか

C 結論部
(1) 結論は、導入部の問いにきちんと対応した形で述べられているか
(2) なにが明らかになり、なにがまだ明らかになっていないか。今後の課題はなにかが、きちんと述べられているか

2. 授業との関連性
(1) これまでの授業内容を理解していることが示されているか
(2) 与えられた課題にきちんと答えているか

3. 形式
(1) 段落分けは適切か
(2) 文頭と文末の対応はとれているか
(3) 誤字・脱字はないか
(4) 注は適切か
(5) 引用の仕方は適切か
(6) 参考文献一覧は適切か

9章　自己診断から授業改善へ

　コースをデザインし、授業を行うスキルを高めることは、専門分野での研究能力を磨くことと同様に、教師の「商品価値」を高めることにつながります。そして、自分の教育能力を磨くことは、特別の才能や努力を必要とするものではありません。われわれは、毎日授業を行っているのですから、授業・コース改善のためのデータは、その気になりさえすればいくらでも手に入るわけです。あとは、そのデータをうまく収集し、分析し、考察を加え、新しいやり方を考え、それを試してみる……。あれま、これはふだんわれわれが研究でやっていることじゃないですか。というわけで、ここでは、教育スキルの向上のために考慮すべき項目を整理しておきましょう。あとは、一人ひとりがそれを実行するだけです。

9.1　毎回の授業をチェックしよう

　自分の授業をチェックすることが次回の改善に大いに役立つということは、一回一回の授業についても、また一学期間を通じて行われるコース全体についても当てはまります。そこで、まず一回一回の授業のチェックと、そこから学ぶべきことがらについてまとめておきましょう。

9.1.1　学生の理解度を常にチェックする

　学生が自分のコースをどれくらい理解してくれているかは、

教師が学生について知るべき最も重要な情報のひとつです。コースを通じて常に学生の理解度をチェックすることを心がけましょう。さもないと、学期末のテスト結果を見て初めて、最初のころの授業で導入した概念をずっと誤解し、その結果、コースの内容全体を系統的に誤解していた学生が続出、ということにもなりかねません。そこで、コースの途中で学生の理解度をチェックするための方法をまとめておきます。

1. 授業中に、学生にとってつまずきやすいと思われる個所にさしかかったら、学生を指名して教師が述べたことを自分の言葉で言い直させる。これは、定義した概念を再度説明させ、その適用例を指摘させる、紹介した理論の反例をあげさせる、など、いろいろ応用ができます。

2. 授業の終わりに、質問カード、リアクション・ペーパー、ミニット・ペーパーなどを提出させ、授業のポイント、疑問、質問などを書いてもらう。

3. 授業の最後の5分ないし、10分を理解度の確認のための時間として位置づける。この時間の中で、「今日の授業で新しく学んだことをまとめてごらん」というぐあいに学生に質問したり、逆に学生からの質問を受け付けます。学生はこのような時間が確保されていることで安心します。

4. 指名した学生に授業の重要なポイントを含む問題を黒板で解かせる。その際に、学生二人組を指名して一人の学生を「助言者」とするということで、かなり心理的な圧迫感が取り除けます。

5. 課題は、学生の理解度を確認することのできるような内容のものにする。

6. 解答時間が 10 〜 15 分程度の小テストをときどき実施す

る。

　小テスト、質問カードの提出、課題などを最終的な成績評価に加味するかどうかは別途考えて決めればよいことですが、大事なことは、かりに成績評価に含めることにした場合でも、小テストの第1の目標は学生の成績評価ではなく、あくまでも理解度のチェックにあるということを忘れない（そして学生にもそのことを知っておいてもらう）ことです。つまり、理解度の悪い項目については、補習をしたり、課題を出したり、補助資料を配付したり、次回の授業の一部を使って再度解説したりと、なんらかの手当てをしなければなりません。また、著しく理解度の低い学生に対してはオフィスで面談するなど、個別の対応も必要でしょう。

　小テストが成績評価のためではなく、あくまでも理解度のチェックのためだということを強調したいのであれば、匿名のテストにすることだって可能でしょう。

9.1.2　アンケートは自分自身の授業改善に役立つものを

　現在、多くの大学で「学生による授業評価」の大儀名分のもとで大規模なアンケート調査が実施されています。しかし、たとえば「黒板の字は見やすかったですか」とコースの最終日に調査してもナンセンスでしょう。学期末でのアンケート調査については9.2.2で詳しく述べることにして、ここでは、コースがスタートしてあまり日をおかずに、すぐにでも改善できる点について手作りのアンケートを実施することを提案します。

　アンケートの調査項目を決める上で注意すべきことは、次の点です。

1.　アンケートをとるねらいを明確にする。ひとつのアンケ

ートであれもこれも調べようということは、しょせん無理な話です。最も気になっていることに、焦点を絞りましょう。
2. アンケートの質問項目は具体的、かつ簡単に答えられるものにする。たとえば、「授業の質はよいですか」という質問項目は最低です。「授業の質」とはなにかが、あまりにもあいまいだからです。逆に、うまい質問項目を作ることによって、学生に「そうか、こういう条件を満たしているのがよい授業なのか」と理解させることができます。
3. 調査項目数をなるべく少なくし、その代わりに自由に記述できる欄を設ける。たとえば板書について、「黒板の字はよく見えましたか」「黒板の字は丁寧でしたか」「板書は体系的にまとめられていましたか」「黒板を早く消しすぎることはありませんでしたか？」というような項目を立てるよりは、「板書の仕方は適切でしたか」→はい・いいえ（「いいえ」の場合：どのようなところが不適切でしたか）と、不都合に感じたところを書かせればばすむことです。
4. あまり頻繁にアンケートをとらない。ひとつのコースの中で、何度も何度も授業アンケートを実施することは避けるべきです。その代わりに、アンケート以外の方法で学生からの情報を得る工夫をするほうが効果的です。たとえば、リアクション・ペーパーに授業についてのコメントを求める、オフィスアワーを利用して学生との面談を行う、電子メールや電子掲示板を利用する、授業後教室に残って雑談をするおりに授業の進め方を話題にする、といった方法があるでしょう。
5. しかし、なによりも重要なのは、こうして学生から寄せ

られた改善の要求にすぐにこたえるよう努力すること、すぐに改善できない点についてもすぐには実現できないむねを伝えることです。アンケートのとりっ放しは、学生と教師の信頼関係をひどく損ないます。

➡ スタート直後にとるアンケートの項目　p.154

コラム　アンケートそこまでやるの？

　学生の視点に立ってみると、現在多くの大学で行われている「授業評価アンケート」には、いろいろな問題があるように思えてならない。

　学生にしてみれば、アンケートにきちんとした評価ないしは改善意見を書くことが、どのような仕方で来学期ないし次年度の授業の改善に役立つのかが示されているかどうかが重要だ。たとえば、調査結果や自由記述はどのような人が読むことになるのか、担当教員だけなのか、それともカリキュラムに責任ある立場の人は目を通してくれるのか。その上で、結果として、こんなふうに改善することにしましたと、学生にきちんとしたフィードバックをすることが重要ではないだろうか。

　逆に、授業評価法研究者にしばしば見られる（と思う）のだが、濃厚すぎるアンケートもどうかと思う。たとえば、「今日の授業では話し方は上手でしたか」とか、「黒板の使い方はよかったか」という調査項目をよく見かけるが、どんなものだろう。すし屋がすしをひとつ握るたびに、「シャリの具合はどうでしたか？」「さびはきつすぎませんでしたか？」「ネタは新鮮でしたか？」と聞いてくるとしたら、どうだろう？

　教え方の質がよいかどうかを常に気にかけているということを学生にアピールすることは重要だと思うが、これはいかにもやりすぎだと思う。教員の自己満足のための「アンケートのためのアンケート」をとるのではなく、回答する側の視点に立つ

ことが重要なのではないだろうか？

9.2 コース全体をチェックし、来年のコースにつなげる

　学期末に学生の成績をつけて事務に提出すればコースは一丁上がり、と考えてはいませんか？　大切な作業がもうひとつ残っています。自分が一学期間行ってきたコース全体の出来映えを反省・評価し、来年のコースの改善につながるような資料を残しておくことです。そのための最も役に立つデータは、学生の試験成績です。

9.2.1　教員が試験結果から学ぶべきこと

　期末試験の成績だけ（単位がとれたかとれないか）だけが気になる学生と同様に、なん人に単位を与えるかということだけに頭を悩ます教員がいます。しかし、学期末試験の成績からは、自分のコースについて豊かな情報を得ることができます。多くの学生に特徴的な間違いが見られた場合、コースにおけるその話題に対する時間配分が足りなかった、説明がわかりにくかった、学生の知識や理解力についての想定と現実がずれていた……いろいろ考えられますが、とにかくコースの構成や授業の展開についてなんらかの改善が必要なことは明らかです。

　このように、学期末試験の結果からは、次回に同じ話題についてコースを担当するときに、そのデザインにたいへん役立つ反省点を取り出すことができます。少なくとも、予想外に成績の悪かった問題、特徴的な間違いの傾向などは、記録にとどめ

ておきましょう。

9.2.2 今後の授業改善に役立つアンケートをとろう

学期末にすべてのコースでいっせいに実施される授業アンケート調査は、必ずしも個々の教員が自分のコースを改善する際に直接役に立つ調査項目が含まれるとは限りません。

したがって、たとえばコースで新しい内容や方法を導入してみたときに、それが学生にどのように受け入れられたのかを知りたかったら、自分でアンケートをアレンジする必要があります。自由記述欄を利用して、個々の教員が設問を増やすなどの工夫ができるでしょう。

大切なことは、調査の結果を自分のコースの改善のためのフィードバックとして利用するという態度です。そのためには、

- 調査結果を学生、TAや同僚に公開し、どのように改善すればよいかについてのアドバイスを求める。
- 少数の学生による、辛辣で人を傷つける意図をもったコメントに、あまりくよくよしない。こうしたコメントは、調査をすれば必ず含まれてきます。むしろポジティブなコメントに注目し、あなたのコースを高く評価してくれた学生からの評価を下げずに、ネガティブなコメントを減らしていくにはどうしたらよいかを考えることにしましょう。

9.2.3 ティーチング・ポートフォリオを活用しよう

ティーチング・ポートフォリオは、近年アメリカの大学で教師の教育活動の評価のために用いられるようになった方法です。教師は、自分の教育活動の成果と質を証拠立てる資料をそろえ、それをひとつのファイルにまとめて、教育業績の評価を受ける、

というものです。もともとはこのように教師の教育における能力を評価し査定するために作られるものですが、これを自分の授業改善のための資料、つまり拡張された授業記録としての役割に転用することができます。

　ポートフォリオのよい点は、さもなければ散逸してしまう教育活動についての資料やデータをひとつにまとめるという点にあります。残念ながら多くの教師にとって、授業はやりっ放しというケースが多いようです。しかし、毎回の授業が終わるごとに、教科書の不出来な部分、学生がつまずいたポイント、うまくいったたとえ話、特徴的な質問などを記録し、ポートフォリオに保存しておきましょう。緊急の課題であれば、次の授業時間になんらかの善後策を講じることができます。そうでなくても、こうした記録を、授業中に配ったハンドアウト、学生の最終的な成績結果などとともにファイルしておくと、次年度のコースを計画するときにとても役立ちます。

▶ポートフォリオに盛り込む内容

- 講義要綱の原稿
- シラバス
- コースパケット
- 授業中の配布物
- 課題など学生の提出物のサンプル
- 教科書について気づいた点（誤植・説明不足・誤り）
- 学生について気づいた点（どこでつまずくか、どこに興味を示したか）
- 授業中にとっさに思いついた効果的なたとえ、説明

- 学生アンケートの集計結果と、それに対する自分のコメント
- 成績の集計結果と、それに対する自分のコメント
- 同僚・TAなどの授業についてのコメント
- 授業の録画・録音テープ

9.3 スキルを磨くためのその他の情報源

すでに述べたように、スキルを向上させるための一番のリソースは、自分自身の授業そのものにありますが、次のような方法を補助的に取り入れることによって、さらに改善のための努力を効果的なものにすることができます。

9.3.1 大学教授法についての本を読む

本を読んだだけで授業が飛躍的に改善するというのはもちろん幻想にすぎませんが、教授法関連図書は、すぐに役立つさまざまなヒントの集積として、あるいは頭を整理するための枠組みとして一度は読むだけの価値があるでしょう。

9.3.2 教育について語り合おう

本よりも大切なのは、同僚との会話かもしれません。同僚とは同じ学生を対象にしているために、共通の悩みがあるでしょうし、とくに専門分野が共通の同僚とは、教育内容についてさらに込み入った話ができます。こうした同僚との会話を通じて、「ぼくは、こんなやり方でやってみたらうまくいった」というようなヒントを得ることができます。各大学で行われるように

なった教師向け研修等は、こうした同僚との対話のよい機会になるでしょう。

また、学生との雑談の中で、教え方・教わり方を話題にすることもできます。とにかく、キャンパス内で、教えること・教わることがごく自然な話題になるような雰囲気を育てることが重要でしょう。

9.3.3 同僚の授業を聴きに行こう

自分のクラスは密室で、そこでなにが起こっているかは秘密中の秘密、授業のやり方にコメントなぞされようものなら、あたかも聖域を土足で踏みにじられたように怒り狂う、というのがちょっと前までの大学教師の平均的態度だったように思われます。こうした態度は、徐々に変化しつつあります。関心のある話題についての同僚の授業を聴きにいく、ジョイント・セミナーを開く、自分の授業にゲストとして同僚や他大学の研究者を招く、といったことが行われるようになってきています。こうした機会に、相手の授業の進め方をじっくりと「観察」しましょう。必ず得るものがあるはずです。

さらに一歩進んで、「最近、授業のやり方で悩んでいることがあるんだけど、今度あなたの授業を見せてもらえませんか？」、あるいは「新しい方法で授業をやってみようと思うんだけど、よかったら見にきてコメントしてくれない？」と言い合えるようになるとよいですね。ただ、その場合も、漫然と見てもらうのではなく、あらかじめどのような点に注意して見ていてもらいたいのかを伝えておくことが重要です。

9.3.4　TAにアドバイスを求めよう

TAが参加しているコースの場合、彼らが最も適切な助言者になってくれます。なぜなら、TAは教師と学生の両方の視点に立つことのできる立場にいるからです。あらかじめ、コースの中間評価、最終評価、学生からの要望の聴取などを、TAの役割の一部として「契約」しておくとよいでしょう。

9.3.5　自分の授業を録音・録画する

文字どおり、学生の視点から自分の授業をチェックすることができる点が、この方法の利点です。アメリカのいくつかの大学では、教育改善のためのセンターのような学内組織が、求めに応じて録画スタッフを派遣してくれることになっています。日本ではまだそこまでは及びませんが、TAに頼む、あるいはビデオに録画することはあきらめても、せめて録音してみる、というような方法ならすぐにでも可能でしょう。初めは非常に心理的抵抗が大きいかもしれませんが、やってみるとけっこう効果があるものです。

9.3.6　学生からモニターを募る

コースの初めに、授業の進め方についてのチェックとアドバイスをする少数の学生モニターを募っておきます。あらかじめ、とくに注意してチェックしておいてもらいたい項目を伝え、コースがある程度進んだ段階で、報告してもらいます。

▶スタート直後にとるアンケートの項目

　スタート直後にとるアンケートの一例（これは考えられる項目を整理して列挙したものです。常にすべての項目について調査する必要はありませんし、そうでないほうが望ましいでしょう。まずどのような目的でアンケートをとるのかを明確にしてから、項目を適宜、取捨選択して使ってください。）

　これまで〇回の授業を実施しました。ここまででコースの導入部は終了です。そこで、これまでの授業を振り返って、改善すべきところがあったら、以下のアンケートに答えることでぜひ伝えてください。今後の授業で、すぐに改善できることはしていきたいと考えています。

【教師のスキルや態度に関する項目】
- 黒板やOHPなどの使い方は適切ですか？
- 話し方は適切ですか？
- 授業を進めるスピードは適切ですか？
- 質問や発言を促そうという姿勢は見えましたか？
- 質問にはきちんと回答していましたか？
- 学生に対する差別的な言動が感じられましたか？
- 教師に授業への意欲が感じられましたか？
- 私語や途中入室・退室などに毅然と対応していましたか？

【授業の内容に関する項目】
- 最初に配付したシラバスは、コースの進め方をわかりやすく書いてありましたか？

- このコース全体の目標は、よく理解できましたか？
- 授業内容がおもしろそうだと感じられましたか？
- このコースの内容は、高校で学習したこととうまく接続していますか？
- これまでの毎回の授業のねらいは、そのつど明確にされていましたか？
- 毎回の授業の内容は、よく準備されたものでしたか？
- 毎回の授業の内容は、刺激的かつ関心を引き出すものでしたか？
- 説明は、丁寧で理解しやすかったですか？
- 教科書は、すでに手に入れましたか？
- 教科書は、コースの内容に照らして適切なものでしたか？

【授業時間外の学習に関する項目】
- これまでの課題の量は適切でしたか？
- これまでの課題の内容は適切でしたか？
- 課題に取り組む上で困った点はありましたか？（図書館の参考図書が足りない、コンピュータの利用が難しい、などの問題点がありましたら書いてください）

【学生自身の学習態度に関する項目】
- これまでの授業に、きちんと出席していましたか？
- これまでの課題は、提出しましたか？
- 教科書を予習して授業に臨んでいますか？
- これまでの授業や課題によって刺激を受け、自主的に調べたり学んだことはありますか？

【教室環境・設備などに関する項目】
- 教室の規模は適切ですか？
- 教室の環境（温度、換気など）は適切ですか？
- 教室の設備（ビデオ、コンピュータなど）は適切ですか？

10章　学生の多様性に配慮する

10.1　すべての学生の学習環境を守ろう

10.1.1　多様な学生が存在している現実を直視しよう

　「多様な学生」だって？　そんなのはアメリカとかオーストラリアだとか、多民族・多文化主義的色彩の濃い国に特有の問題であって、日本の大学には関係ないんじゃないの？と思っていませんか。よーく意識して、学生たちを見回してみましょう。男性がいる。女性がいる。さまざまな文化圏からの留学生がいる。都会育ちがいる。地方出身者がいる。在日韓国・朝鮮系の学生がいる。年輩の学生がいる。既婚者がいる。障害者がいる。病気をもった学生がいる。裕福な学生がいる。貧しい学生がいる。有名校の出身者がいる。そうでもない学生もいる。きっと妊娠中の学生もいるだろう。ゲイやレズビアンの学生もいるだろう。学生の多様性が見えないのは、自分がそれを見ようとしなかったからだということに気づくでしょう。

　大学人は、自分たちが世の中で最も開かれて進んでいる存在だと考えたがるものです。しかし、大学も社会の一部ですから、その実態は外の社会と五十歩百歩だと考えるべきでしょう。これだけの多様な背景をもつ人間が集まってくれば、キャンパスでは当然、さまざまな葛藤や差別が生じてきます。大学には差別なんてない！と考える人は、「あってはならない」と「あるはずがない」とを混同しているか、大学内に厳然と存在する多

様性にも差別にも気づかないおめでたい人であるか、のどちらかでしょう。キャンパス内で起こりうるこうした差別をどう減らし解消していくかは大きな問題です。おそらく根本的には、キャンパス内の差別全般を学問の精神に反するものとして断固防止するという姿勢を、大学の基本方針として制定するところからスタートすべきでしょう。そして、近ごろ、あちこちの大学で制定され始めたセクシュアル・ハラスメント防止ガイドラインの類も、こうしたポリシーの一環として位置づけられるべきだろうと思います。

大学がこうしたポリシーをきちんと明文化し、適切なセンターや委員会を設置し専門スタッフを置いたり、カリキュラムに多文化主義、反差別的なコースを盛り込んだりしてそのポリシーをきちんと現実化していくように働きかけることは、私たち教師の重要な社会的責任です。しかし、ティーチング・ティップスという本書の性格上、ここでは教員が授業などを通じた日々の学生との接触の中で、どのような点に注意していけばよいか、という、今日からでもできる足もとの点検作業に限って話を進めることにしましょう。

コラム　オーストラリアにおけるキャンパス内差別との戦い

オーストラリアのメルボルンにあるディーキン（Deakin）大学を訪問したときに感心したことのひとつに、キャンパス内での差別対策を専門的業務とする部署の活動がある。Equity & Equal Opportunity Unit（EEO）という名前のその部署の活動方針には、次のように書かれている。「われわれの目的は、文化

> 的多様性をもつコミュニティの価値を促進し、それぞれの人が自分の潜在能力をフルに開花させることを支援する条件を整備することにあります。したがって、本学のすべてのメンバーは、いついかなるときでも尊敬をもって公平に扱われる権利を有します」。
>
> EEO のオフィスの前には、キャンパス内で起こりうるさまざまな形態の差別に関して、カラフルな啓蒙パンフレットがずらりと並んでいた。人種、性別、信仰、年齢による差別から、妊娠、性的アイデンティティ、両親の社会的地位、C 型肝炎にいたるまで、その徹底ぶりに私は驚いた。

10.1.2 マイノリティ学生の学習環境を守るための基本方針

ここで言う「マイノリティ」とは、数の多寡を意味するものではありません。キャンパス内外に存在する差別的な構造のために、本人の責任ではない事情によって、大学生活・学習上のさまざまな不利益を被っている、あるいは被りうる学生のことを指すものとします。教員がまずなすべきことは、こうした不利益を最小限に減らし、学生の学習権を守るための努力をすることです。そのための基本的な方針を、以下に揚げることにしましょう。

1. マイノリティ学生の抱える不安を理解しよう

マイノリティ学生の抱える心理的問題をひと言で表現するならば、「わたしはここにいてよいのだろうか」「わたしは本当にこの大学（クラス、セミナー、サークルなど）に受け入れられているのだろうか」という不安だと言うことができます。この傾向は留学生や障害者学生に限られるものではなく、多くの学

生に多かれ少なかれ見られます。とくに、偏差値による等級づけや高校の序列化は、驚くほど一般学生の不安傾向に影を落としているようです。たとえば、学業成績上の問題を抱える学生と面談すると、かなりの割合で、「ぼくなんか○○みたいな有名高校の出じゃないから」とか「わたしはあまり勉強できないし、この大学にいていいのかなと思う」といった発言が飛び出します。こうした不安感を取り除き、大学への帰属感を高め、自信をもたせることが、マイノリティ学生のみならず、すべての学生にとって学業上の成功をもたらす必要条件だと言えるでしょう。ですから、教員は、大学においては多様性は禁じられ抑圧されるものではなく、尊重されるべきものだ、というメッセージを、常に伝える必要があります。

次に、このために教員になにができるかを、具体的場面に即して考えていきましょう。

2. 個人として尊重されるということを伝えよう

マイノリティ学生を最もいらだたせ傷つけるのは、ステレオタイプ化です。偏見にもとづくネガティブなレッテル張りはもちろん論外です。しかし、障害者学生を「障害にもめげず頑張る素直で純粋な心のもち主」、高齢の社会人学生を「酸いも甘いもかみ分けた長老」とみなすのも、ポジティブなレッテルだからよいではないかと思いがちですが、現実離れした自分らしくない行動パターンを勝手に期待されるわけですから、不愉快なものになることがありえます。また、セミナーの世話役的な役割をもっぱら女子学生に指名するということも、ステレオタイプ化のひとつの現れということになるでしょう。たとえば、次のことに気をつけましょう。

- 学生に意見を求める場合、まずは彼／彼女が属する社会集団の代表としてではなく、個人としての見解を求める。つまり、「中国からの留学生としてどう思いますか」ではなく、「○○さん、あなたはどう思いますか」と尋ねる。その上で、彼／彼女が「わたしは中国人として……と思います」と答えるなら、その見解はクラスのほかの学生の見方と異なっていても（異なっているがゆえに）尊重されるということを伝える。
- 学生の評価を、ほかの学生との比較ではなく、コースの内容をどれだけ理解できたか、あるいは開始時にくらべてスキルがどれだけ向上したかという観点で行うように努める。

重要なのは、学生を個人として尊重するということと、個人の属する社会集団やその他の属性の違いを無視してすべての学生に対して一律にニュートラルな態度をとる形式主義とは異なるということです。学生に伝えるべきメッセージは、むしろ次のようになるでしょう。

- 大学においては、あなたはまず第一にひとつの社会集団やひとつの属性に還元されないあなた個人として尊重される。
- そして、大学はあなたの属する社会集団の価値（聾唖文化、さまざまな民族の文化、ゲイ文化などなど）もやはり尊重する。それは、大学ではあなた個人が尊重され、こうした価値はあなたが大切にする価値のひとつだからだ。
- ○○人であること、障害者であることなどといったひとつの属性のゆえに、あなたが個人として尊重されないことがあるとしたら、そうしたことがなくなるように、大学は努力を払うべきである。

3. あなた自身がもっているバイアスやステレオタイプに敏感になろう

自分は教養のある「大学教師」だから、差別的態度とは無縁だと思い上がってはいませんか。たとえば、次のような発言をしたことは一度もないと言えますか？

- （既婚女性の大学院生に）いいですよねえ、あなたは就職の心配がないから。
- 君は○○高校から来たの。じゃあ、優秀なんだねえ。
- だって、あの人はバツイチだから……。
- ○○の悪影響が、まるでエイズのようにあっという間に広がって……。
- 女子学生だけ「ちゃん」づけで呼ぶ。

むしろわたしたちは、自分のもつ差別的バイアスを自覚して、そこから脱するのがいかに難しいことかということを認識し、大学教師だからこそ、自分の意識的・無意識的な差別的態度が与える社会的影響が大きいのだ、と考えるべきでしょう。

すでに述べたように、マイノリティ学生は大学というコミュニティに自分が受け入れられるかどうかについて、強い不安をもっています。そのため、あからさまな侮辱・軽蔑や敵意の表明、無視などがなくとも、学生はあなたの言動や態度のちょっとした手がかりから、自分は受け入れられていないというサインを見いだしてしまいがちです。場をなごませようとして言ったジョークが、ひょっとしたらある学生の孤立感を深める結果をもたらすかもしれないということに注意すべきです。

4. 教材の選択に敏感になろう

教師のもつバイアスやステレオタイプの影響力が最も大きく

なるのは、やはり授業中での発言でしょう。講義ノートや教材を準備し終わったら、それを次のような観点から一度チェックしてみることをおすすめします。

- ジェンダー、人種、民族、宗教などに関するステレオタイプを含んだ事例、例文、練習問題などはありませんか？たとえば「太郎はCD-ROMドライブを買い、花子はぬいぐるみを買いました」のたぐいです。
- そうしたステレオタイプやバイアスを含む項目への言及は、授業の展開の上でどうしても必要ですか？
- 必要な場合、そのステレオタイプやバイアスを是認し、拡大するつもりがないことを学生にきちんと伝えるための手だては考えてありますか？

たとえば、初期の人工知能研究者が取り組んだパズルのひとつに「人食い人種と宣教師」という、とんでもなく植民地主義的なセッティングをもったものがあります。ここで、人工知能について語る際には、歴史的に重要なこの問題に言及しないわけにはいかないと判断したとしましょう。しかし、ここが重要なのですが、あなたが特定の人種ないし民族を侮辱する意図はまったくないとしても、そのことによって、教室でひと言のコメントもせずにこのパズルを扱うということが教育上妥当な選択とされるわけではありません。わたしたちは、教師としての仕事においては、徹底して「意図」ではなく「効果」を考えるべきです。留学生の中にも日本人学生の中にも、おそらくこのパズルに強い不快感を感じる学生がいるでしょうし、キャンパス外で実際にそのような言葉によって侮辱された経験をもつ学生もいる可能性すらあります。そのため、学生は「この先生は人種差別や民族差別について鈍感なんだ。だから信頼してはだ

めなんだ」と判断し、クラスで疎外感と不安を深め、大学への帰属意識を失ってしまうかもしれません。

では、どうすればよいか、と言えば、このパズルに言及する際に、たとえば「私はこのパズルの設定は不愉快に思う。でも、これは人工知能の歴史の上で重要だから扱うことにする。わたしと同様に不愉快に感じる人もいるだろうが、がまんしてほしい」と宣言すればよいのです。

以上は、あなた自身が用意する教材や授業中の発言だけではなく、あなたの担当するセミナーで、学生や TA が作る資料や発言にも当てはまります。学生や TA が明らかに偏見にもとづく差別的な叙述や発言を行ったにもかかわらず、それを教師が無視しているならば、マイノリティ学生にとっては、あなた自身がそうした発言をしたのと同じ効果をもたらしてしまいます。このような場合、当の発言を行った学生を「悪者」扱いせずに、その不適切さを指摘したり、あるいはディスカッションの題材にしてクラス全体で考える機会を設けるといった対応をとる責任が教師には生じます。

10.2　留学生の学習を支援するためのティップス

10.2.1　個々の留学生のもつ文化的背景を理解しよう

大学にやってくる留学生は、さまざまな文化的・宗教的背景をもっています。大学教師やスタッフの側にこうした背景に対する理解が欠けている場合、いろいろなトラブルの原因となり、ひどい場合はそれが留学生個人の性格や生活態度に起因するものとされ、「問題学生」のレッテルを貼られてしまうことにも

なりかねません。たとえば、待ち合わせの時間を厳格に守ることを要求する文化圏もあれば、そうでない文化圏もあります。また、著作物などに対してオリジナリティを非常に重視する文化圏もあれば、そうではない文化圏もあります。後者の文化圏から来た学生の場合、複数の学生がまったく同じ内容のレポートを提出したり、すでに出版されている著作物からの引用だけからなるレポートを書いたりします。しかし、彼らはそうしたことを禁じる圧力の弱い文化圏から来ているため、教師が「盗作だ」「剽窃だ」と目くじらを立てても、いったいなにがいけないんだかさっぱりわからない、という事態が生じます。こうした行き違いは、双方にとってとても不幸な結果を生みます。それを避けるために、次のような点に注意すべきでしょう。

- 留学生との文化衝突を避けるために、あらかじめ学習をする。留学生と教師、スタッフ、日本人学生との間に生じがちな文化衝突の具体的事例を解説した書物もいくつか出版されています。一読しておけば大変役立ちます。
- 留学生とは個人面談を欠かさず行う。日本人学生にはあえて言わずにすますことができることでも、重要だと思われる点については、個別に説明を行うようにしましょう。
- しかしながら、ダブル・スタンダードになってはいけない。留学生の文化的背景を「理解する」ということは、いついかなる場合でも彼らを特別扱いして彼らのやり方に合わせる、ということではありません。たとえば、「このレポートの目的は、いくつかの資料を題材にして、間違っていてもよいから、自分でひとつの結論を論理的に導くことができるようになることにあるんだ。本からまるごと引用してしまってはこの目的を果たすことはできない。だから

……」というぐあいに、相手の背景を踏まえた上で説明を行い、教師の決めたルールに納得ずくで従ってもらうというような方法を採るべきです。
- 留学生センターと連絡を取り合う。留学生が大学内外でどのような生活をしているのかの全体像は、授業を通しての彼らとのつきあいからはなかなか見えてきません。留学生の生活とそこで生じる問題については、大学にある留学生センター（あるいはそれに類似した組織・スタッフ）に蓄積されている情報とノウハウが参考になります。

10.2.2 留学生のレディネスについて十分に調査をする

日本の多くの大学では、留学生を受け入れても、残念ながら受け入れっ放しの傾向が見られます。たとえば、日本語の能力試験は課されますが、彼らが本国でどのような高校教育を受けてきたのかまでは、きちんと調査されません。その結果、本国で英語をまったく学んだことのない留学生が、いきなり日本人学生といっしょに英語のクラスに放り込まれるというようなことが起こります。もちろん、こうした事態の改善には、留学制度そのもの、留学生入試制度、単位認定制度、カリキュラムなどの見直しが必要でしょう。ここでは、現状をとりあえず踏まえた上で、受講生名簿に留学生の名前を見つけた個々の教師になにができるかを考えます。

まずは面接をする。そこで、
1. 日本語を聞き、読み、書く能力はどのくらいかを調査する。ノートをとることができるか。レポートを日本語で書けるか。参考文献を読むことはできるか。
2. 授業で必要とされるその他の知識・能力についてレディ

ネスを確かめる。英語は高校で学習してきたか。数学はどのようなことを、どの程度学んできたか、などなど。
3. その他の学習上の困難はあるか。教科書をそろえる経済的余裕はあるか。コンピュータは利用可能か。学習に十分な時間を割くことができるか。地域の図書館は利用可能か、などを確かめる。
4. もし以上の面接で、日本人学生と同様の課題や評価を行うことに耐えられないのではないかと思われる場合、いくつかの選択肢を用意する。たとえば、レポートを日本語以外の言語で書いてもよいとする、読書課題を変更する、特別の課題を与える、など。
5. コースが始まってからも、ときおり、学習上の困難はないかどうかを尋ねてみる。

10.3 障害をもった学生の学習を支援するためのティップス

障害をもつ学生の学習環境をできるだけよいものにしておくのは、私たち自身のためでもあります。なぜなら、自分の研究している学問分野の価値とすばらしさをできるかぎり多くの能力と意欲のある学生に伝えることは、私たちの喜びであると同時に、ほかならぬ自分自身がいつ障害に苦しむようになるかわからないからです。理想を述べるならば、障害者学習支援センターのような組織を大学内に置いて、専門のスタッフを置くべきです。たとえば、スタンフォード大学には Disability Resourse Center という部署があります。ここでは、障害をもった学生の学習を支援するための教材作り、情報提供などを行っています。

具体的には、教科書の朗読録音、ノートとりの支援、手話通訳、学生のキャンパス内移動のための手助け、適切な住居と教室の手配などを行っています。

彼我の差にため息が出ますが、ここでも、今日できることから始めるという本書の基本精神にのっとり、いくつかの提案をあげておきましょう。

- 障害のあり方は千差万別だということを忘れない。学生の障害の程度、学習支援を要する程度は、人によってまったく異なりうるということを常に念頭に置きましょう。したがって、統一的基準の機械的な適用ではなく、学生、事務スタッフ、教員を交えた事前のきめ細かな対話が必要になります。
- 授業の参加者の中に障害をもつ学生がいることを知ったら、すぐにその学生に対して、改善の必要な点についてはいつでもすぐに申し出るように促します。
- 教室をチェックします。車椅子の学生が出入りするのに支障はないか、弱視の学生はどこに座れば黒板が見やすいか、どこをその学生の指定席にすべきかどうか、などを調べ、問題があれば教室の変更を願い出る必要があります。
- 視力に障害のある学生が参加している場合、もしハンドアウトやOHP、板書を使って授業を行うつもりなら、書いてあることを読み上げる必要があります。弱視の学生がいれば、ハンドアウトなどを拡大コピーしてわたします。
- 聴覚障害の学生のためには、講義ノートをプリントしてわたす、読唇術を身につけた学生であれば常に前を向いてゆっくりふつうに話す（叫んだり、おおげさにすると、かえってわからない）といった配慮が必要です。

- 課題などを免除して特別扱いされているという意識を学生にもたせるのはすすめられません。レポート作成などの課題をこなすことが難しいと考えられる場合でも、代わりに口頭試問を行うなど、その学生と相談の上、なんらかの課題にチャレンジする機会を与えるべきです。
- TAを要求することも考えましょう。ノートとりの補助、朗読テープの作成などを頼むことができるでしょう。

コラム 「障害」のとらえ方

　このティップスを作るにあたって、海外、とくにアメリカ合衆国で刊行されているいくつかのティップスを読んでみた。しかし、思ったほど参考にならなかったのだ、実は。というのも、大学をめぐる制度、アカデミック・フリーダム、学ぶ権利、カリキュラムについての哲学の有無、財政や人事についての条件など、ティップス以前の基本的条件が違いすぎて、そのまま日本の大学ですぐに適用できる項目があまりに少なかったからだ。

　このことは、とりわけ障害者の迎え入れについての記述の際に思い知った。日本で「障害学生」という語で思い起こされるのは、視覚障害、聾啞、運動障害などなどのフィジカルな障害を抱えた学生だろう。しかし、アメリカのティップスの多くが、学生の障害のもうひとつの大きなサブカテゴリーとして、メンタルな障害、たとえばdyslexia（読書障害・失読症）や注意力・集中力の持続に関する障害、つまりいわゆる学習障害を扱っている。

　日本で、長い文章を読むことが困難な学生を大学に迎え入れて、いかに学習環境を整えるかという発想が、そもそもこれっぽちもあるだろうか？　というわけで、ティップス作りを通じて、すっかりわれわれの置かれた現状がイヤになってしまったわたしなのである。

10.4　セクシュアル・ハラスメントは問題外だ！

10.4.1　まず、セクシュアル・ハラスメントとはなにかをよく知ろう

　たとえば、名古屋大学のガイドラインでは、次のような事例が大学におけるセクシュアル・ハラスメントの典型例とされています。
- 暗黙のうちにまたははっきりと、学業成績の評価、研究指導、人事評価などにおける、就学上・就労上の利益または不利益を条件として、性的な誘いかけを行うこと
- 性的な言動もしくは要求に対する態度（服従、抵抗、拒否等）により、学業成績の評価、研究指導、人事評価などにおける、就学上・就労上の利益もしくは不利益を与えること、またはそれを示唆すること
- 性的な言動または性的な画像・文書の掲示、提示などにより、不快な生活環境を生み出し、そのことにより、個人の人格や尊厳を傷つけること

これに加え重要なことは、
1. セクシュアル・ハラスメントの成立は、行為者がそれを意図したか否かにかかわらないとされていること
2. 男性から女性に対してだけでなく、女性から男性に対して、あるいは同性同士の間にも起こりうるとされていること
3. 職員と学生の間だけでなく、職員同士、学生同士の間にも起こりうるとされていること

などです。

　セクシュアル・ハラスメントを防止し、不幸にしてそれが生じてしまったときに適切に対処するためには、まずあなた自身がセクシュアル・ハラスメントに対する感受性を高めることが重要です。

　現在、多くの大学でセクシュアル・ハラスメント防止・対策のためのガイドラインを制定しています。とにかく、まずあなたの大学ではどのようにセクシュアル・ハラスメントが定義され、どのような相談体制、苦情受けつけ体制、調査体制、防止体制が定められているかをよく理解しましょう。

10.4.2　あなたが加害者にならないために

1. 教師であるあなたと学生との間には地位と権力に大きな非対称性があることを忘れないようにしましょう

　セクシュアル・ハラスメントについてときおり耳にするのは、「教師と学生といっても、両方とも立派な成人ではないか、大人同士の同意に基づく恋愛関係まで禁じようと言うのか？」という意見です。しかし、次の点に注意を忘れてはなりません。望むと望まざるとにかかわらず、教師は教師であるだけで、学生に対して一方的に大きな権力をもってしまうということです。当事者の一方が、もう一方に対して、成績をつけたり、大学や学会に所属しつづけられるかどうかについて大きな決定権をもっていたり、キャリアを左右したりできる場合、片方が「同意」と考えているものが、しばしば他方にとっては暗黙の強制となってしまいます。または、かつては受け入れられていた行為が、時がたてば相手を不快にさせるものに変わってしまうこともあるでしょう。そのとき、当事者間に地位・権力の非対称性があ

れば、同様に暗黙の強制が発生します。過去の「同意」は現在のハラスメントを正当化しないということを肝に銘じておくべきです。

2. セクシュアル・ハラスメントが起こりにくい環境作りと行動様式を心がけましょう

たとえば、
- 学生と研究室で面談する際には、そこが密室にならないように、カーテンを開け、ドアを開けたままにしておく。
- 性別を問わず、学生を単独で食事や飲酒に誘わない。学生と食事をする際には、必ず複数の学生と一緒にする。
- セクシュアル・ハラスメントを興味本位に話題にしたり、飲酒の席などでのジョークのネタにしないよう心がける。

セクシュアル・ハラスメントの対策を難しくしているのは、被害者のプライバシーを保護し、二次的な風評被害を防ぐことの難しさにあります。ちょっと耳にしたセクシュアル・ハラスメントの事例をおもしろおかしく話題にすることは、こうした二次被害を拡大するだけでなく、ほかの潜在的被害者が対策を申し出にくい雰囲気を作ってしまいます。学生がそうした話題で盛り上がっているところにいあわせた場合も、そうしたことを慎むように指導すべきでしょう。

コラム　人目を忍ぶ研究生活？

またまた、ディーキン大学ネタで恐縮です。ここのウォーターフロント・キャンパスというイカした建物に入ると、スタッフが仕事するオフィスのデザインに驚かされる。なにせ、廊下

> 側の壁面がぜんぶ透明なガラスで、中の様子が丸見えなのだ。ううむ、これではセクハラも起こるまいて。
> 　かたや、ウチの大学では、こんな風景を見ることができる。新しい研究科の建物ができた。研究室の扉には国立大学の建物にはめずらしく、一部に透明なガラスがはめられていた。ところが、先生方という先生方が次々とそのガラス窓にポスターを張ったりカーテンを掛けたりして、中が見えないように隠し始めたのだ。中でなにをするつもりなのカナ〜と勘ぐってしまうこうした仕儀は、基本的にオフィスというものを勘違いしているとしか言いようがない。オフィスは公的空間・仕事場なのであって、プライベートなあなたのお城ではないのだ。

10.5　学生がもちかけてくる個人的相談にどう対処するか

　学生はしばしば授業内容や学習上の悩み以外のことがらについて相談に訪れることがあります。それは、進路の迷い、就職、大学院受験といったものから、家庭の問題、人間関係の悩み、金銭トラブル、人生の意味、自殺願望といった深刻なものにいたるまで、千差万別です。こうして教師は、しばしばカウンセラー的な役割を果たざるをえない状況に立たされることになります。

10.5.1　教師にできることとできないことをわきまえよう

　しかし、まず第一に念頭に置かねばならないのは、あなたはプロのカウンセラーとしての訓練を受けていない、という事実です。学生がまずあなたのところにやってきて相談したということは、それだけあなたが信頼されているということでしょう。

それは、確かに教師としてのプライドをくすぐるものです。でも、このことは危険な落とし穴でもあります。まず、自分にできることには限界があるということを、学生にも自分自身にもよく言い聞かせることが重要です。とりわけ、精神科医や心理療法士によるケアが必要に思われるようなケースで、「わたしが治してやる」などとは夢にも思わないことです。さらに深刻な事態に学生を追い込むことになってしまいます。

10.5.2 相談相手としての教師の役割

あなたは学生の抱える問題の解決者・治療者になることも、学生の友人や親代わり（保護者）になることもできません。教師が果たすことのできる役割は次のものです。あなたはそれに自己を限定すべきです。学生がこうした役割を超えた役割（権威をもって生き方を指示する者、あるいは友人・親・恋人の代わり）をあなたに期待する場合は、自分はそれを果たすことはできないとはっきり伝えるべきでしょう。

- 客観的な聞き手：あなたの考えや価値観を押しつけることなく、「君はどう思うの」「君はどうすればよいと考えているの」と聞き役に徹することが重要です。学生が明確にアドバイスを求めた場合以外は、アドバイスを行うこともがまんしましょう。学生は、自分の問題を言葉に出して伝えようとするうちに、自分から解決を見いだしていくこともしばしばあります。
- 問題の整理役：混乱した学生が自分から解決を見いだしていくのを助けるには、学生の語ったことを、より客観的な視点や明晰な言葉遣いにしてフィードバックしてやることが役立ちます。「なるほど、君は……と思っているんだけ

ど、しかし一方で……のようにも思えてならない、ということかな？」
- 選択肢の提案者：まずは学生自身に問題の解決法や行為の選択肢を考えさせることが重要です。しかし、学生の経験不足、知識不足から、これ以上の選択肢を考えつくことができそうもない、という場合、こんなやり方もあるし、こんな方法もあるというぐあいに、あなたはいくつかの選択肢を提示することができるかもしれません。
- 仲介者：学生の抱える問題があなたの手に負えないものであることが明らかになった場合、精神科医、弁護士などのプロの助けが必要になります。多くの大学で、学生相談室といった名称のもとに、こうした専門家への窓口が用意されています。こうした援助を仲介する場合、次の点に注意しましょう。

1. 学生が、見放されたとか、たらい回しにされたと感じないよう、「君の問題はよくわかったし、なんとか解決してあげたいと思う。でも、私にはその能力も資格もない、これは専門家の助けを借りなければならないと思うから、○○に連絡をとることにしよう」というぐあいに、学生の状況を自分は理解しようとし、気にかけているのだということと、一方で問題は自分の手にあまるということを同時にきちんと伝えるようにします。

2. 学生は、精神科医や弁護士といったプロに相談をするということじたいを、問題が大ごとになってしまったと感じて、ためらうでしょう。そうしたプロの助けを借りなければならなくなる局面は誰にでも生じうることであり、ちっとも特殊なことではないということ、またプライバシーは

十分に守られることを説明し、心理的障壁を軽減してやるようにに努めます。

　以上のような仲介者の役割をうまく果たすためには、ふだんから学生相談室などの内容としくみについてよく知っておくことが必要です。学生からの重要な相談は突然やってきます。最低限、相談室がどのような相談内容を受け付けているのか、連絡先はどこか、相談の時間帯や予約のしくみはどうなっているのかについて、知っておくことが必要でしょう。

索　引

あ行

アンケート ······················ 145
オフィスアワー ················ 125
オリエンテーション ············ 80

か行

課　題 ····························· 119
書く力 ···························· 121
学期末論文 ······················ 123
カンニング ······················ 137
教科書 ····························· 63
クラス ····························· 50
グループプロジェクト ········ 117
ゲスト・スピーカー ··········· 101
講義ノート ······················· 67
講義要綱 ·························· 55
コース ····························· 50
コース・デザイン ··············· 50
コースパケット ················· 67
個人的相談 ······················ 174

さ行

試　験 ···························· 131
私　語 ····························· 82
自己診断 ························· 143
障害を持った学生 ············· 167
シラバス ·························· 59
質　問 ···························· 103

授業の組み立て ·················· 83
授業のルール ····················· 82
成績評価 ························· 127
セクシュアル・ハラスメント······
170

た行

第1回目の授業 ·················· 73
単　位 ····························· 51
ティーチング・ポートフォリオ···
149
ティーチングアシスタント ··· 101
ディスカッション ············· 107
テスト ···························· 131
デヴィルズ・アドヴォケイト······
113
到達目標 ·························· 53
途中入室・退出 ·················· 82

な行

名前を覚える ····················· 78

は行

バズ・グループ ················ 116
発　言 ···························· 103
板　書 ····························· 98
ハンドアウト ····················· 98
剽　窃 ···························· 136
フィッシュボウル ············· 116

177

不正行為 ……………………… 137

ま行

マイノリティ学生 ……………… 160
ミニット・ペーパー …………… 105
メディア機器 ………………… 97

や・ら・わ行

リアクション・ペーパー …… 144

レディネス ……………………… 75
レポート ……………………… 121
留学生 ………………………… 164
ロールプレイング …………… 117
ロ　グ ………………………… 123
論文の評価基準 ……………… 141

FAQ

◆来学期の授業を計画しているときに生じる問題
コースを設計する基本方針は？ ……………………………………… 50
コースの目標を明確化するには？ …………………………………… 53
コースの到達目標を具体化するには？ ……………………………… 54
授業がはじまるまでにやっておくことは？ ………………………… 59
シラバスとは本来何であるべきか？ ………………………………… 59
シラバスを作るとどんないいことがあるか？ ……………………… 60
上手なシラバスを作るには？ ………………………………………… 61
シラバスに何を書けばいいか？ ……………………………………… 61
教科書を使うべきか？ ………………………………………………… 63
教科書を選ぶには？ …………………………………………………… 65
TAに何をやってもらうか？ ………………………………………… 101
開講直前にやっておくべきこととは？ ……………………………… 68
どのような機器をいつ使うか？ ……………………………………… 97
電子メディアを効果的に使うには？ ………………………………… 97

◆初回の授業を考えているときに生じる問題
初回の授業に何をすべきか？ ………………………………………… 73
学生のレディネスを確認するためには？ …………………………… 75
学生の名前を覚えるには？ …………………………………………… 78
初めての学生とうちとけるには？ …………………………………… 76
コースの内容についてどのようなオリエンテーションをすれば
　よいか？ ……………………………………………………………… 80

◆授業中に生じる問題
授業5分前にすること？ ……………………………………………… 92
毎日の教材作成の手間を省くには？ ………………………………… 67

179

授業のルールをどう徹底するか？ …………………………… 82
授業中の私語・携帯電話をどう防ぐか？ …………………… 82
授業中の途中入室・途中退室をどう防ぐか？ ……………… 82
学生がプリントをよくなくすのですけど？ ………………… 67
授業をメリハリのあるものにするには？ …………………… 94
刺激的な授業にするには？ …………………………………… 92
授業をどのように始めようか？ ……………………………… 85
授業途中の中だるみをどう防ぐか？ ………………………… 87
学生にどうポイントを強調するか？ ………………………… 96
時間通りに授業を終えるには？ ……………………………… 83
授業をどう締めくくるか？ …………………………………… 89
学生をひきつける話し方とは？ ……………………………… 94
効果的な板書の仕方とは？ …………………………………… 98
ハンドアウトは配るべきか？ ………………………………… 98
質問・発言を促すには？ ……………………………………… 103
質問にどう答えるか？ ………………………………………… 104
学生の考えを知るには？ ……………………………………… 105
大人数の講義でディスカッションをするには？ …………… 116
学生の授業への参加度を高めるには？ ……………………… 117
学生の理解度をチェックするには？ ………………………… 143
小テストをどのように実施するか？ ………………………… 144

◆ディスカッションをめぐって生じる問題
ディスカッションを成功させるには？ ……………………… 107
ディスカッションの前に準備することは？ ………………… 109
ディスカッションをどのように始めるか？ ………………… 111
ディスカッションを活発にさせるには？ …………………… 112
ディスカッションを軌道修正するには？ …………………… 114
ディスカッションの終わり方は？ …………………………… 115

◆授業時間外の学習指導で生じる問題
オフィスアワーを設けるべきか？ ……………………………… 125
課題を出すときに注意することは？ …………………………… 119
大人数の授業でどのように課題を出すか？ …………………… 120
学生が書く文章にはどのようなものがあるか？ ……………… 122
論文の書き方をどう指導すればよいか？ ……………………… 123

◆成績を評価するときに生じる問題
成績評価の情報をどのように伝えるか？ ……………………… 129
成績評価で最も重要なことは？ ………………………………… 127
テストをどのように行うか？ …………………………………… 131
テストの問題を作るときに注意することは？ ………………… 133
論文の評価の基準は？ …………………………………………… 134
課題の提出のトラブルを避けるには？ ………………………… 135
不正行為をどう防ぐか？ ………………………………………… 137
不正行為がおきてしまったら？ ………………………………… 139
学生が成績について抗議に来たら？ …………………………… 139

◆今学期の授業を振り返るときに生じる問題
どのような授業アンケートをとるべきか？ …………………… 145
期末試験の結果から何を学べばよいか？ ……………………… 148

◆その他
コースとクラスはどこが違うの？ ……………………………… 50
単位制度とは？ …………………………………………………… 51
留学生の学習を支援するには？ ………………………………… 164
障害を持った学生の学習を支援するには？ …………………… 167
セクハラをどう防ぐか？ ………………………………………… 170
学生が個人的相談を持ちかけてきたら？ ……………………… 174

参考文献

【参考にした図書】

赤堀侃司編『ケースブック 大学授業の技法』有斐閣，1997年．

大橋敏子他『外国人留学生とのコミュニケーション・ハンドブック：トラブルから学ぶ異文化理解』アルク，1992年．

香取草之助監訳『授業をどうする！：カリフォルニア大学バークレー校の授業改善のためのアイデア集』東海大学出版会，1995年．

S. G. クランツ（蓮井敏訳）『大学授業の心得：数学の教え方をとおして』玉川大学出版部，1998年．

大学セミナー・ハウス編『大学力を創る：FDハンドブック』東信堂，1999年．

D. A. ブライ（山口栄一訳）『大学の講義法』玉川大学出版部，1985年．

W. J. マッキーチ（高橋靖直訳）『大学教授法の実際』玉川大学出版部，1984年．

Brinkley, A. et. al., *The Chicago Handbook for Teachers : A Practical Guide to the College Classroom*, The University of Chicago Press, 1999.

McKeachie, W. J., *McKeachie's Teaching Tips : Strategies, Research, and Theory for College and University Teachers* (Tenth Edition), Houghton Mifflin, 1999.

Davis, B. G., *Tools for Teaching*, Jossey-Bass, 1993.

【参考にしたサイト】

A Berkeley Compendium of Suggestions for Teaching with Excellence
http://uga.berkeley.edu/sled/compendium/

Teaching at Stanford
   http://www-ctl.stanford.edu/faculty.html

【参考にした資料】
名古屋大学四年一貫教育計画委員会『豊かな教養教育を目指して：
   共通教育の方針・事例集』1998 年，1999 年，2000 年．

あとがき

　自分たちで作成したティップスについてこういうことを言うのもナンですが、わたしたちはこのティップスを過大評価してはいません。もちろん、わたしたち教師にとってさまざまな局面でティップスが助けになる、ないよりはあったほうが絶対によいに決まっているということは信じていますけれども。

　しかし、しめくくりとして、ここではあえて、ティップスをはじめとする「それぞれの教員が自分の授業の腕を磨こう」路線がもちうるマイナス面についても触れておかねばなりません。そこで、かりにすべての大学教員がこのティップスを読み、自分の授業改善に乗り出したとしましょう。この結果、ひとつひとつの授業はとても内容豊かで、わかりやすく、学生に考える力を与えるようなものになったとします。あなたも快い充実感を感じることができるでしょう。けれどもこれで、学生の４年間の大学教育全体に対する満足度をアップさせるのに十分でしょうか？　大学が社会的使命を果たしたことになるでしょうか？

　学生が現代の市民に必要とされる高度な知識と能力を身につけ、満足して社会に巣立ってもらうためには、個々の授業が充実していることはもちろんですが、彼らが４年間学ぶカリキュラムが、全体として整合的で明確な教育目標にもとづいたものであることが欠かせません。そしてこうした教育目標の明確化とカリキュラム全体の構築は、一人ひとりの教員の個人的努力でどうなるものでもありません。

　さらに、われわれ教師が本腰を入れて授業改善に取り組もう

とすると、とたんにさまざまな障害に出くわすことも明らかです。TAが足りない、カリキュラムが過密だ、会議に追われて提出物を十分にチェックできない……。ようするに、個々の教師が本当によりよい授業を行っていくためには、大学全体での教育目標の構築と、制度的・財政的基盤の構築という、大学全体として取り組むほかはない作業が前提条件として必要になるということです。このような状況下では、「教師はみんな授業の腕を磨こう。授業がよくなれば大学はよくなるのだから」という掛け声は、ひょっとしたら、こうした真の授業改善のための基盤構築から眼をそらし、問題をそれぞれの教師の個人的努力へと還元してしまうことになるかもしれません。

　むしろ、わたしたちの希望は次のことです。このティップスには、今日からできるノウハウもたくさん詰まっています。今日できることは今日からやってみましょう。それで、あなたの悩みはいくぶん軽くなることでしょう。そして、授業をよくすることが楽しくなってきたら、次にはあなたの授業をさらによくすることを阻止している要因に目を向け、それを改善するためにすこしでも力を尽くしていこうではありませんか。このティップスが、そのためのささやかなきっかけになることを祈っています。

2001年3月1日

プロジェクトチーフ
戸田山 和久

執筆者

池田 輝政　　追手門学院大学教授
戸田山和久　　名古屋大学教授
近田 政博　　神戸大学教授
中井 俊樹　　愛媛大学教授

イラスト

プロダクション スコーレ（株）

高等教育シリーズ 104

成長するティップス先生──授業デザインのための秘訣集

| 2001年4月15日 初版 第1刷
2018年6月20日 初版 第15刷 | 著　者 | 池田輝政・戸田山和久
近田政博・中井俊樹 |

発行者　　小　原　芳　明
発行所　　玉 川 大 学 出 版 部
194-8610　東京都町田市玉川学園6-1-1
TEL 042-739-8935　FAX 042-739-8940
http://www.tamagawa.jp/up/
振替　00180-7-26665

NDC377　　　　印刷所　　株式会社三秀舎

Printed in Japan　　　　乱丁本・落丁本はお取り替えいたします
© 名古屋大学高等教育研究センター　2001

ISBN 978-4-472-30257-2 C2037

高等教育シリーズ

表示価格に消費税が加算されます

1. **大学教授法入門** －大学教育の原理と方法－
 ロンドン大学・大学教授法研究部／喜多村和之・馬越徹・東曜子編訳　　品　切
2. **大学教授法の実際**
 W. J. マッキーチ／高橋靖直訳　　品　切
3. **大学教育の国際化〔増補版〕** －外からみた日本の大学－
 喜多村和之　　2800円
4. **大学のカリキュラム**
 井門富二夫　　品　切
5. **大学の講義法**
 D. A. ブライ／山口栄一訳　　2800円
6. **リースマン　高等教育論** －学生消費者主義時代の大学－
 D. リースマン／喜多村・江原・福島・塩崎・玉岡訳　　品　切
7. **高等教育の日本的構造**
 天野郁夫　　4800円
8. **大学の教授・学習法**
 R. ビアド，J. ハートレイ／平沢茂訳　　品　切
9. **大学の学生指導** －成長モデルの理論と実践－
 F. B. ニュートン，K. L. エンダー編／岡国臣・中川米造監訳　　2800円
10. **高等教育の比較的考察** －大学制度と中等後教育のシステム化－
 喜多村和之　　品　切
11. **大学のティーチング**
 J. ローマン／阿部美哉監訳　　品　切
12. **大学教育の目的**
 K. E. エブル／高橋靖直訳　　2800円
13. **大学教育改革のダイナミックス**
 J. B. L. ヘファリン／喜多村和之・石田純・友田泰正訳　　品　切
14. **大学教授のためのティーチングガイド**
 K. E. エブル／箕輪成男訳　　2800円
15. **大学教育とは何か**
 喜多村和之編　　品　切
16. **日本の大学教育改革** －歴史・現状・展望－
 関正夫　　4800円
17. **ハーバード大学の戦略**
 D. ボック／小原芳明監訳　　3500円
18. **近代日本高等教育研究**
 天野郁夫　　10000円
19. **大学の国際文化学**
 阿部美哉　　2500円
20. **大学授業の研究**
 片岡徳雄・喜多村和之編　　3500円

21 **ヨーロッパの大学**
  島田雄次郎 … 2800円
22 **学歴産業** －学位の信用をいかに守るか－
  D. W. スチュワート, H. A. スピル／喜多村和之他訳 … 3200円
23 **大学のカリキュラムと学際化**
  井門富二夫 … 2800円
24 **生涯学習時代の短期高等教育**
  阿部美哉 … 2800円
25 **日本的大学像を求めて**
  天野郁夫 … 2400円
26 **アメリカ大学の優秀戦略**
  J. W. ギリー, K. A. フルマー他／小原・高橋・田中訳 … 5000円
27 **日本の学歴エリート**
  麻生誠 … 4800円
28 **アメリカのリベラルアーツ・カレッジ** －伝統の小規模教養大学事情－
  宮田敏近 … 2800円
29 **大学経営とリーダーシップ**
  R. バーンバウム／高橋靖直訳 … 4800円
30 **アメリカの大学・ニッポンの大学** －TA・シラバス・授業評価－
  苅谷剛彦 … 2400円
31 **私語研究序説** －現代教育への警鐘－
  新堀通也 … 3200円
32 **旧制専門学校論**
  天野郁夫 … 3800円
33 **戦後大学政策の展開**
  黒羽亮一 … 絶 版
34 **大学の理念**
  H-G. ガダマー他／赤刎弘也訳 … 2400円
35 **アジアの大学** －従属から自立へ－
  P. G. アルトバック, V. セルバラトナム編／馬越徹・大塚豊監訳 … 7000円
36 **大学校の研究**
  市川昭午編 … 5000円
37 **大学評価** －理論的考察と事例－
  新堀通也編 … 9000円
38 **学校と大学のパートナーシップ** －理論と実践－
  K. A. シロトニック, J. I. グッドラッド／中留武昭監訳 … 5500円
39 **現代アメリカの大学** －ポスト大衆化をめざして－
  江原武一 … 4800円
40 **比較高等教育論** －「知」の世界システムと大学－
  P. G. アルトバック／馬越徹監訳 … 4800円
41 **アメリカの小さな大学町** －クオリティー・オブ・ライフ－
  浦田誠親 … 2400円
42 **大学経営と社会環境** －大学の効用〔増補第3版〕－
  C. カー／箕輪成男・鈴木一郎訳 … 2400円

43	**教育交流論序説** 井上雍雄	2800円
44	**大学のアメリカ・モデル** －アメリカの経験と日本－ 江原武一	2800円
45	**21世紀の大学像** －歴史的・国際的視点からの検討－ 関正夫	2800円
46	**転換する大学政策** 〈シリーズ「現代の高等教育」1〉 舘昭編	2400円
47	**キャンパスは変わる** 〈シリーズ「現代の高等教育」2〉 苅谷剛彦編	2400円
48	**近未来の大学像** 〈シリーズ「現代の高等教育」3〉 金子元久編	2400円
49	**大学の変革——内と外** 〈シリーズ「現代の高等教育」4〉 天城勲	2400円
50	**大学はどこから来たか、どこへ行くのか** 永井道雄監修	2400円
51	**科学革命と大学** E. アシュビー／島田雄次郎訳	2200円
52	**現代の大学院教育** 市川昭午・喜多村和之編	5200円
53	**大学で勉強する方法** A. W. コーンハウザー著, D. M. エナーソン改訂／山口栄一訳	971円
54	**大学大衆化の構造** 市川昭午編	3200円
55	**学習社会の大学** 木田宏	2400円
56	**新制大学の誕生** －戦後私立大学政策の展開－ 土持ゲーリー法一	7000円
57	**大学カリキュラムの再編成** －これからの学士教育－ 清水畏三・井門富二夫編	4000円
58	**現代中国高等教育の成立** 大塚豊	12600円
59	**カリキュラム論争** －アメリカ一般教育の歴史－ W. B. カーノウカン／丹治めぐみ訳	2400円
60	**大学教授職の使命** －スカラーシップ再考－ E. L. ボイヤー／有本章訳	2200円
61	**新版 学生消費者の時代** －バークレイの丘から－ 喜多村和之	2800円
62	**大学教授職の国際比較** 有本章・江原武一編著	4000円
63	**リベラルアーツ・カレッジ** －繁栄か、生き残りか、危機か－ D. W. ブレネマン／宮田敏近訳	3200円
64	**アメリカの大学・カレッジ**〔改訂版〕 －大学教育改革への提言－ E. L. ボイヤー／喜多村和之・舘昭・伊藤彰浩訳	5000円

65	**高等教育の経済分析と政策** 矢野眞和	4600円
66	**アメリカ高等教育の大変貌** －1960-1980年－ C.カー／小原芳明・髙橋靖直・加澤恒雄・今尾佳生訳	5000円
67	**現代日本の専門学校** －高等職業教育の意義と課題－ 韓民	3200円
68	**大学の使命** J.オルテガ・イ・ガセット／井上正訳	2800円
69	**日本の研究者養成** 塚原修一・小林信一	6500円
70	**大学教育研究の課題** －改革動向への批判と提言－ 一般教育学会編	6000円
71	**日本の大学** 大久保利謙	4400円
72	**大学再生への挑戦** －アメリカの大学改革論－ R.ソロモン，J.ソロモン／山谷洋二訳	5600円
73	**大学国際化の研究** 江淵一公	5200円
74	**大学を語る** －22人の学長－ 天野郁夫編	3000円
75	**開かれた大学授業をめざして** －京都大学公開実験授業の一年間－ 京都大学高等教育教授システム開発センター編	2400円
76	**大学開発の担い手** －ディベロップメント・オフィサー－ M.J.ワース，J.W.アスプⅡ／山田礼子訳	2500円
77	**大学改革　日本とアメリカ** 舘昭	2800円
78	**ドイツの高等教育システム** H.パイザート，G.フラムハイン／小松親次郎・長島啓記他訳	5500円
79	**アメリカ高等教育　試練の時代** －1990-2010年－ C.カー／喜多村和之監訳	4000円
80	**アメリカ高等教育　歴史と未来** －21世紀への展望－ C.カー／喜多村和之監訳	4500円
81	**アメリカ社会と高等教育** P.G.アルトバック，R.O.バーダール他編／髙橋靖直訳	5500円
82	**イギリス高等教育と専門職社会** H.J.パーキン／有本章・安原義仁編訳	3000円
83	**大学授業の心得** －数学の教え方をとおして－ S.G.クランツ／蓮井敏訳	2400円
84	**アメリカの学生と海外留学** B.B.バーン編／井上雍雄訳	3800円
85	**変わるニッポンの大学** －改革か迷走か－ 苅谷剛彦	2500円
86	**プロフェッショナルスクール** －アメリカの専門職養成－ 山田礼子	4000円

87 **戦後大学改革**
　　羽田貴史　　　　　　　　　　　　　　　　　　　　　　　　　　　　4500円
88 **現代の大学・高等教育**　－教育の制度と機能－
　　喜多村和之　　　　　　　　　　　　　　　　　　　　　　　　　　　4500円
89 **戦間期日本の高等教育**
　　伊藤彰浩　　　　　　　　　　　　　　　　　　　　　　　　　　　　6200円
90 **誰でも何でも学べる大学**　－ケンブリッジ大学人が見たアメリカの高等教育－
　　E.アシュビー／宮田敏近訳　　　　　　　　　　　　　　　　　　　　2400円
91 **教養教育の系譜**　－アメリカ高等教育にみる専門主義との葛藤－
　　S.ロスブラット／吉田文・杉谷祐美子訳　　　　　　　　　　　　　　3400円
92 **都市型大学**　－新しい高等教育像への挑戦－
　　P.G.エリオット／岩田弘三訳　　　　　　　　　　　　　　　　　　　4700円
93 **日本・中国高等教育と入試**　－二一世紀への課題と展望－
　　中島直忠編　　　　　　　　　　　　　　　　　　　　　　　　　　　8000円
94 **高等教育の変貌と財政**
　　市川昭午　　　　　　　　　　　　　　　　　　　　　　　　　　　　4000円
95 **現代アメリカ大学生群像**　－希望と不安の世代－
　　A.レヴィーン，J.S.キュアトン／丹治めぐみ訳　　　　　　　　　　　2900円
96 **高度情報社会の大学**　－マスからユニバーサルへ－
　　M.トロウ／喜多村和之編訳　　　　　　　　　　　　　　　　　　　　3800円
97 **大学個性化の戦略**　－高等教育のＴＱＭ－
　　D.T.セイモア／舘昭・森利枝訳　　　　　　　　　　　　　　　　　　4200円
98 **高等教育と政策評価**
　　喜多村和之編　　　　　　　　　　　　　　　　　　　　　　　　　　4800円
99 **科学技術社会と大学**　－エリック・アシュビー講演集－
　　E.アシュビー／宮田敏近訳　　　　　　　　　　　　　　　　　　　　3200円
100 **学長　大学改革への挑戦**
　　天野郁夫編　　　　　　　　　　　　　　　　　　　　　　　　　　　2500円
101 **大学教師の自己改善**　－教える勇気－
　　P.J.パーマー／吉永契一郎訳　　　　　　　　　　　　　　　　　　　3200円
102 **新版　戦後大学政策の展開**
　　黒羽亮一　　　　　　　　　　　　　　　　　　　　　　　　　　　　3600円
103 **大学授業のフィールドワーク**　－京都大学公開実験授業－
　　京都大学高等教育教授システム開発センター編　　　　　　　　　　　2800円
104 **成長するティップス先生**　－授業デザインのための秘訣集－
　　池田輝政・戸田山和久・近田政博・中井俊樹　　　　　　　　　　　　1400円
105 **現代大学の変革と政策**　－歴史的・比較的考察－
　　喜多村和之　　　　　　　　　　　　　　　　　　　　　　　　　　　4500円
106 **未来形の大学**
　　市川昭午　　　　　　　　　　　　　　　　　　　　　　　　　　　　2800円